Uwe Heimowski

Weiter so!

UWE HEIMOWSKI

Weiter so!

44 NEUE MUTMACHER FÜR DEN ALLTAG

NEUFELD VERLAG

FSC

Mix
Produktgruppe aus vorbildlich
bewirtschafteten Wäldern und
Recyclingholz oder -fasern

Zert.-Nr. SGS-COC-003091
www.fsc.org
© 1996 Forest Stewardship Council

Die Deutsche Bibliothek verzeichnet diese
Publikation in der Deutschen Nationalbibliografie;
detaillierte bibliografische Daten sind im
Internet über www.ddb.de abrufbar

Umschlaggestaltung: spoon design, Olaf Johannson
Umschlagbilder: ShutterStock®
Satz: David Neufeld, Schwarzenfeld
Herstellung: Bercker Graphischer Betrieb
GmbH & Co. KG, Kevelaer

© 2009 Neufeld Verlag Schwarzenfeld
ISBN 978-3-937896-80-9, Bestell-Nummer 588 780

www.neufeld-verlag.de

NEUFELD VERLAG

Inhalt

Willkommen zu diesem Buch   9

1. Weiter so!   13
2. 93 Kilo   15
3. Die längste Rodelbahn der Welt   17
4. Die Minderheit in der Minderheit   21
   der Minderheit
5. Cola zum Frühstück   25
6. Beim Namen gerufen   27
7. Blutspende   31
8. Danken   33
9. Das Zahnarztphänomen   35
10. Fischschwarm   37
11. Demut vor dem Leben   39
12. Frieren?   43
13. Gedanken zur Nacht   47
14. Dass das Leben gelingt   49
15. Das große göttliche Ja   51
16. Gottlos, ohne Gott loszuwerden   53
17. Hammerschläge und Paukenschlag   55
18. Kasse des Vertrauens   57
19. Keine Verurteilung   59
20. Lasten tragen   61
21. Das Mutterherz Gottes   63
22. Nikolaus   65

23. Ostdeutsch 67

24. Papa allein zu Haus 69

25. Pusteblume 71

26. Schach auf dem Müllberg 73

27. Prinzessinnenalter 75

28. Dass Dornen Rosen tragen 77

29. Schon wieder etwas Neues? 79

30. Sinnlos, oder was? 81

31. Sommerzeit 83

32. Theoretisch glauben? 85

33. Sonnenblumenvögel 87

34. Strelasund 89

35. Tohuwabohu in Korinth 91

36. Unfair 93

37. Pause 97

38. Verdoppelt 99

39. »Was man kann, muss man tun« 101

40. Trauerarbeit 103

41. Wenn's hoch kommt, achtzig Jahre 107

42. Was in der Zeitung steht 109

43. Weichgeklopft 113

44. Gott finden 117

Zugabe: Zwei Kugeln Hausmeister 120

Zum Autor 125

Willkommen
zu diesem Buch

Kann ein Tütchen Erbsen von Rückenschmerzen heilen? Natürlich nicht. Es sei denn, man wärmt sie in der Mikrowelle und benutzt sie als Kirschkernkissenersatz ...

Aber die folgende Anekdote ist trotzdem schön: Ein befreundeter Pastor hatte von meinem Buch *Ich bin dafür! 44 Mutmacher für den Alltag* gehört. Er bereitete gerade einen Gottesdienst zum Thema »Dankbarkeit« vor. Dafür bestellte er einen Schwung »Erbsenzähler-Startersets«, die es begleitend zu dem Buch gibt. Im Anschluss an die Predigt verteilte dieser Pastor die Erbsen-Tütchen an die Gottesdienstbesucher. Die Idee ist ganz einfach: Immer, wenn etwas Gutes geschieht, steckt man eine Erbse von der einen Hosen-, Rock- oder Sakkotasche in die andere. Am Ende des Tages wird man überrascht feststellen, wieviel Positives man erlebt hat.

Eines der Tütchen bekam nun eine ältere Dame, die unter starken Rückenschmerzen litt und sich deshalb nicht mehr bücken konnte. Auf dem Nachhauseweg vom Gottesdienst fielen ihr die Erbsen aus der Hand. Nun lagen sie da auf dem Bürgersteig. Die Dame ärgerte sich. Sie entstammte der Kriegsgeneration. Als Kind hatte sie gehungert. Und dass hier jetzt Lebensmittel auf dem

Boden liegen blieben – das konnte und wollte sie nicht akzeptieren. Also gab sie sich einen Ruck, schickte einen Stoßseufzer zum Himmel und versuchte mit Schwung, die Erbsen zu greifen. Und siehe da: Sie kam bis zum Boden und hob das Tütchen auf. Doch nicht nur das: Während sie sich bückte, löste sich irgendwie eine Blockade in der Wirbelsäule, es knackste, und seither – ungelogen – geht es ihrem Rücken besser.

Die Erbsen haben mit ihrer Heilung eigentlich nichts zu tun. Aber diese Erfahrung hat viel mit der Idee des Buches *Ich bin dafür!* zu tun: Eine kranke Frau traut sich etwas zu und erlebt Besserung. Genau das war die Absicht des Buches – Mut machen!

»Unsere Augen wieder neu für das Gute öffnen.«

Ich freue mich über viele positive Rückmeldungen zu den 44 Mutmachern des erwähnten Buches. Ein Thüringer Landtagsabgeordneter hat zum Beispiel regelmäßig Erbsenzähler-Startersets bei sich, wenn er im Land unterwegs ist zu Bürgerversammlungen. Als er das Gemecker eines anwesenden Bürgermeisters nicht mehr ertragen kann, drückt er ihm kurzerhand eine Tüte Erbsen in die Hände. »Hier«, fordert er ihn auf, »wenn sie für jede Sache, die sich in ihrer Stadt seit der Wende gut entwickelt hat, je eine Erbse herausnehmen – dann werden sie merken, dass die 20 Erbsen gar nicht reichen. Und sollten sie keine 20 Dinge finden, dann können sie von mir aus gerne weiter meckern ...« Einige Zeit später ruft besagter Bürgermeister bei dem Abgeordneten an. Er entschuldigt sich für seine negative Einseitigkeit und dankt seinem Gegenüber dafür, dass ihm die Augen für das Gute geöffnet wurden.

Innerhalb einiger Monate erlebte das Buch drei Auflagen. Und so entstand die Idee, 44 neue Mutmachgeschichten zu schreiben. Geschichten aus dem Alltag für den Alltag. Geschichten, die dabei helfen, Gott in den kleinen Dingen zu entdecken.

Willkommen also zu diesem Buch! Entdecken Sie die stolze Menschenwürde einer Frau, die auf einem Müllberg zuhause ist, lesen Sie, wie der überforderte »Papa allein zu Haus« überlebt und was das ermutigende »Weiter so!« der Lehrerin im Schulheft meiner Tochter bewirkte. Manche Erlebnisse werden Ihnen vertraut vorkommen, manches wird vielleicht auch ein »Aha« auslösen. Und hoffentlich erleben Sie, wie die eine oder andere Geschichte Sie ermutigt und für den Alltag stärkt.

Damit Sie ganz einfach auch selbst zur Mutmacherin und zum Mutmacher werden können, ist diesem Buch ein Haftnotizblock beigefügt. So können Sie anderen eine »Ermutigung, die haften bleibt«, weitergeben. Denn das haben Hoffnung und Liebe und Segen gemeinsam: sie wollen weitergegeben werden.

Und Ermutigung hat – im Unterschied zu Erbsentütchen – tatsächlich heilende Wirkung. Sie heilt unsere Seele. Unsere Selbstwahrnehmung. Und damit unser Tun und unser Leben. Weiter so!

Weiter so!

Eigentlich fiel ihr das Lernen leicht und sie ging gerne zur Schule. Sie hat ein gutes Gedächtnis und eine schnelle Auffassungsgabe. Nur diese blöden Buchstaben! Die wollten einfach nicht so, wie sie wollte. Ihre Wörter sahen mitunter eher nach einem Schüttelreim aus als nach sinnvollen Sätzen. Und dann das »D« und das »T«, das »B« und das »P« – die *muss* man doch verwechseln!

Entsprechend waren die Noten im Diktat: eine schlechter als die andere. Meine Tochter gab sich viel Mühe, aber da klemmte was, es flutschte einfach nicht. Jedes, wirklich jedes Diktat ging daneben. Der Frust saß tief. Und Mutlosigkeit machte sich breit.

Und dann, ganz unerwartet, kam die Wende: Strahlend kam sie nach Hause. Sie hatte diesmal eine Drei geschrieben. Ihre beste Note. Sofort zeigte sie mir ihr Heft: »Schau mal, Papa, was da *noch* steht!« Stolz lag in ihrer Stimme.

Neben die Note hatte die Lehrerin mit schwungvollem Federstrich die Worte: »Prima! Weiter so!« geschrieben und einen kleinen Smiley dazu geklebt.

Von da an wurden die Diktat-Noten meiner Tochter immer besser.

Wieviel hat dieser kleine Satz für meine Tochter bedeutet: »Weiter so!« Das hat offenbar einen Schalter umgelegt in ihr. Von: »Das schaffe ich sowieso nie« hin zu: »Ich kann das«.

Wie gut tut es einem Menschen, wenn ihm etwas zugetraut wird. Und wie klein macht es einen Menschen, wenn ihm keiner etwas zutraut ...

Mit unserer Beziehung zu Gott ist es nicht anders. Wir brauchen Mut. Und Ermutigung. Manchmal denken wir, dass Gott uns überfordert. Dass er unmenschliche Ansprüche stellt. Wer soll all diese Gebote wirklich einhalten können? Ist Gott denn nie zufrieden? Wir fühlen uns angeklagt, entmutigt.

»Wie gut tut es uns, wenn uns etwas zugetraut wird.«

Dabei lesen wir in der Bibel, dass Gott gnädig ist. Gnade, hebräisch *chessed,* ist ein wunderbares Wort. Gnade ist nicht zuerst ein Rechtsakt (Begnadigung), sondern eine Eigenschaft. Gott lässt nicht »Gnade vor Recht ergehen«, sondern er ist in seinem Wesen gnädig.

Chessed lässt sich auch übersetzen mit »Liebreiz« oder »Anmut« und »Schönheit«. Der gnädige Gott, das ist der gute Gott, der anmutige und ermutigende Gott. Der Gott, der unsere Sünden nicht wie eine Perlenkette auf eine Schnur zieht, sondern der selbst in unserem Scheitern unsere neuen Möglichkeiten erkennt.

Der gnädige Gott flüstert uns zu: »Weiter so! Du schaffst das, dafür habe ich dich geschaffen. Dafür habe ich dich erlöst. Du bist mein geliebtes Kind. Bleib nicht liegen, steh auf. Mach weiter!«

93 Kilo

Neulich, bei einer Sitzung. Es gibt leckere Brötchen. Eigentlich hatte ich schon gefrühstückt. Aber ich kann nicht widerstehen. Scherzhaft klopfe ich mir auf den Bauch und meine: »Tja, 105 Kilo – und jedes einzelne hat Hunger.« Die nächsten Minuten gehören dem Thema Körpergewicht.

Ein Kollege erzählt: »Mein Bruder war neulich beim Arzt. Als er wiederkommt, frage ich ihn: ›Und, wie war's?‹ Er druckst etwas herum: ›Na ja, es war ein bisschen blöd. Der Arzt fragt mich nach meinem Gewicht. Ich sage: 93 Kilo. Da notiert der Arzt doch tatsächlich: leicht übergewichtig.‹ Er atmet tief ein: ›Dabei hatte ich doch schon 15 Kilo runtergelogen ...‹« Wir schütteln uns vor Lachen.

Wieviel Wahrheit steckt in dieser Episode! Wenn es nur das Übergewicht wäre. Aber es gibt so vieles, das uns unangenehm ist, was wir irgendwie verstecken oder kaschieren wollen. Peinlichkeiten. Vergessenes. Unterlassenes. Verbotenes. Gerne stellen wir uns in ein besseres Licht. Schließlich geht ja auch nicht jeden alles an.

Doch ganz verstellen können wir uns nicht. Der Arzt sieht den Bauch – auch ohne ein genaues Nachwiegen. Die Leute merken, ob wir ehrlich freundlich sind oder ob das nur aufgesetzt ist. Mein Gegenüber am Telefon bekommt sehr wohl mit, ob ich wirklich zuhöre oder mich nebenbei mit meinem Computer beschäftige. Und vor allem meine Kinder nehmen jeden Zwischenton wahr. Da gebe ich mich keiner Illusion hin. Wir werden durchschaut, das ist Fakt.

Das kann uns beunruhigen – und wir schauspielern um so mehr. Oder es kann uns befreien: Ich bin erkannt, da kann ich mich auch gleich als derjenige geben, der ich bin. Ohne Maskerade. Übrigens: Auch ohne fromme Maskerade.

> *»Gott sieht mich und kennt mich. Und er bewahrt mich.«*

In der Bibel lesen wir diese wunderbaren Worte:

Ein Lied Davids. Herr, du durchschaust mich, du kennst mich durch und durch. Ob ich sitze oder stehe – du weißt es, aus der Ferne erkennst du, was ich denke. Ob ich gehe oder liege – du siehst mich, mein ganzes Leben ist dir vertraut. Schon bevor ich rede, weißt du, was ich sagen will. Von allen Seiten umgibst du mich und hältst deine schützende Hand über mir. Dass du mich so genau kennst – unbegreiflich ist das, zu hoch, ein unergründliches Geheimnis! (Psalm 139,1–6)

Wir können es vielleicht nicht begreifen. Aber wir können mit dieser Gewissheit leben: Gott sieht mich. Ob ich nun 105 Kilo wiege oder – echte oder geflunkerte – 93: Gott kennt mich. Und er bewahrt mich.

Die längste Rodelbahn
der Welt

31 Kurven, 3100 Meter Länge, 480 Meter Höhendifferenz – sie ist schon sehr beeindruckend, diese Sommerrodelbahn im Bündner Land in der Schweiz.

Hier im kleinen Ort Churwalden findet eine Familienfreizeit statt, ich bin als Referent eingeladen. Vormittags halte ich ein Seminar, nachmittags habe ich frei und gehe spazieren. Ziellos folge ich einem Trampelpfad. Plötzlich und unvermittelt stehe ich am Fuß der beeindruckenden Bahn, die sich den Berg hinab schlängelt. Ein Sessellift führt zum Startpunkt, dort steigt man auf einen Schlitten und dann geht es eine knappe Viertelstunde die Piste hinab.

»Na, bist du schon gefahren?« Ein Vater und sein Sohn, die an der Freizeit teilnehmen, steigen vom Rodelschlitten.

Ich schüttele den Kopf. »Nein, bin ich noch nicht. Alleine macht das doch keinen Spaß. Wenn ich meine Kinder dabei hätte, dann wäre das etwas anderes ...«

Er nickt verstehend und nimmt seine Frau in Empfang, die ebenfalls mit einem Kind auf dem Schoß herabgesaust kommt.

Ich setze meinen Spaziergang fort und werde etwas melancholisch. So eine tolle Rodelbahn, wenn das die Kinder sehen könnten! Was hätten sie gejubelt und nicht locker gelassen, bis Papa das Portemonnaie gezückt hätte! Die beiden Großen wären sicher selber gerutscht, Christine und ich wären mit je einem der kleineren Mädchen auf dem Schlitten hinterher gerauscht.

Es ist nicht gut, dass der Mensch allein lebt, steht in der Bibel (1. Mose 2,18). Und darum schuf Gott Mann und Frau. Und darum wurde aus einem Ehepaar eine Familie.

»Mit wem soll ich hinterher über das alles reden?«

Es stimmt. Vieles macht keinen Spaß, wenn man niemanden hat, mit dem man es teilen kann! Eine stets reiselustige Dame sagte mir, kurz nachdem ihr Mann verstorben war: »Ach, was soll ich jetzt noch reisen? Es macht doch keinen Spaß alleine. Mit wem soll ich hinterher über das alles reden?«

Allein geht man ein. Darum spaziere ich jetzt zurück zum Ferienhaus, schaue den Familien beim Spielen zu und rufe danach meine Frau an. Wohl dem, der einen Partner und eine Familie hat.

Und die anderen? Was ist mit den Menschen, die sich so lange nach einem Partner sehnten, aber keinen fanden? Und mit den Verwitweten und Verwaisten; den Liebenden, die allein zurückgeblieben sind? Was ist mit den Paaren, deren unerfüllter Kinderwunsch in der Seele brennt?

Was ist mit ihnen allen, die sich nicht mal eine Woche sehnen, wie ich hier in der Schweiz, sondern ihr Leben lang?

Auch ihnen tut es nicht gut, alleine zu sein. Sie sollten den Rat der Bibel beherzigen und sich nicht in ihre Einsamkeit vergraben. Es ist nicht gut, wenn wir ganz alleine sind. Nicht beim Rodeln, und nicht im Leben.

Darum haben die ersten Christen ihren Glauben nicht als Privatsache betrachtet und nur für sich selbst gelebt. Sie gründeten Gemeinden. Sie trafen sich in ihren Häusern und Wohnungen: Sie teilten ihr Leben. Und so musste keiner alleine bleiben.

Erzähle nicht von deinem Glück

Erzähle nicht von deinem Glück,
deiner Liebe, deiner Familie.
Das überfordert mich
in meiner
Einsamkeit,
sagte sie.

Ich erschrak
und schwieg
und vergaß damit,
ihr ein Bild des Glücks
vor Augen zu malen.
Sie wurde noch einsamer
und ich wurde traurig.

Erneut erschrak ich
und will nun nicht schweigen,
sondern jede Sekunde Glück genießen
und es teilen
mit allen,
die offen sind, Gottes Güte zu erkennen.

Die Minderheit
in der Minderheit
der Minderheit

Wir sind in Nazareth. Da, wo Jesus aufwuchs. Hier wurde er in der jüdischen Religion erzogen. Hier besuchte er die Synagoge. Wir drängen uns in den kleinen, gut erhaltenen Raum.

Ameed setzt sich auf die Stufen in der Tür, wir anderen nehmen auf den Steinbänken an den Wänden Platz. Unser Reiseführer hat uns soeben die Geschichte erzählt, die an diesem Ort stattgefunden hatte:

Eines Tages kam Jesus wieder in seine Heimatstadt Nazareth. Am Sabbat ging er wie gewohnt in die Synagoge. Als er aufstand, um aus der Heiligen Schrift vorzulesen, reichte man ihm die Buchrolle des Propheten Jesaja.

Jesus öffnete sie, suchte eine bestimmte Stelle und las vor: »Der Geist des Herrn ruht auf mir, weil er mich berufen hat. Er hat mich gesandt, den Armen die frohe Botschaft zu bringen. Ich rufe Freiheit aus für die Gefangenen, den Blinden sage ich, dass sie sehen werden, und den Unterdrückten, dass sie bald von jeder Gewalt befreit sein sollen. Ich rufe ihnen zu: Jetzt erlässt Gott eure Schuld.«

Jesus rollte die Buchrolle zusammen, gab sie dem Synagogendiener zurück und setzte sich. Alle blickten ihn erwartungsvoll an. Er begann: »Heute hat sich diese Voraussage des Propheten erfüllt.«

Das war den Zuhörern zu viel. Wütend sprangen sie auf und schleppten Jesus aus der Stadt hinaus bis zu dem Steilhang des Berges, auf dem ihre Stadt gebaut war. Dort wollten sie ihn hinunterstoßen.

(Nachzulesen im Lukasevangelium, Kapitel 4,16–21 und 28–29).

»Wie ist es heute, in Nazareth zu leben?«

Wir reden über diese Begebenheit. Plötzlich fragt jemand: »Und wie ist es heute, Ameed, hier in Nazareth zu leben?«

Ameed nimmt langsam seinen ledernen Hut ab und antwortet bedächtig. »Es ist ganz unterschiedlich. Je nachdem, zu welcher Gruppe du gehörst. Wir Israelis sind eine Minderheit gegenüber den arabischen Staaten um uns her. Wir arabischen Israelis sind eine Minderheit innerhalb der jüdischen Bevölkerung. Wir christlichen Araber sind eine Minderheit unter den muslimischen Arabern.«

Er macht eine Pause, bevor er anfügt: »Wir sind die Minderheit in der Minderheit der Minderheit. Und das ist schwer.«

Wieder macht er eine Pause. »Da hilft nur eins: zusammenhalten. Hier in Nazareth gelingt uns das ganz gut.« Ein breites Lächeln geht über sein Gesicht. »Und wisst ihr, warum uns das gelingt? Wir fragen hier nicht, ob jemand evangelisch oder katholisch oder baptistisch ist. Wir sind Christen.

Und wir glauben an das, was Jesus hier gesagt hat: ›*Er hat mich gesandt, den Armen die frohe Botschaft zu bringen. Ich rufe Freiheit aus für die Gefangenen, den Blinden sage ich, dass sie sehen werden, und den Unterdrückten, dass sie bald von jeder Gewalt befreit sein sollen. Ich rufe ihnen zu: Jetzt erlässt Gott eure Schuld.*‹«

Das gilt auch für die Minderheit in der Minderheit der Minderheit.

Cola zum Frühstück

Manchmal muss man es sich einfach mal richtig gut gehen lassen.

Wir waren nach Nürnberg eingeladen worden. Am Montagabend sollte ich aus meinem Buch *Ich bin dafür!* lesen. Das Sozialwerk der Heilsarmee hatte mich mitsamt meiner Familie zu seiner Weihnachtsfeier für alle Mitarbeiter eingeladen: »Kommt doch einfach schon am Sonntag. Ihr könnt in unserer Gästewohnung schlafen und tagsüber mit den Kindern auf den Christkindlmarkt gehen.« Unsere Kinder jubelten über den zusätzlichen schulfreien Tag ...

In Nürnberg erwartete uns eine schöne Gästewohnung. Schokolade auf dem Tisch, Getränke im Kühlschrank, wunderbar! Früh am nächsten Morgen war Leben in der Bude. »Papa, dürfen wir eine Cola?« Die Kinder hatten natürlich längst alles inspiziert und sofort die Flaschen im Kühlschrank entdeckt. »Na, ausnahmsweise – aber bringt mir auch eine mit!« So lagen wir also in unseren Betten, noch im Pyjama, und tranken Cola. Herrlich!

Manchmal brauchen wir das. Zeit haben. Etwas Ungewöhnliches tun. Die Konventionen durchbrechen. Genießen. Als Familie. Als Ehepaar. Ganz persönlich. Und auch in unserem Glauben. Das Leben kann ziemlich langweilig werden, wenn immer alles nur nach Schema geht. Es gibt Pflichten. Und Aufgaben. Und Regeln. Aber ab und zu braucht es die Ausnahme. Zum Beispiel Cola zum Frühstück.

In Psalm 37,4 lesen wir: *Habe deine Lust am HERRN, so wird er dir geben, was dein Herz begehrt* (Rev. Elberfelder Bibel). Lust sollen wir haben. Freude, Spaß, Begeisterung, Enthusiasmus. Ja, mehr noch: Lust, das klingt nach Kitzel, nach Erregung, sogar nach Erotik. Begriffe, die man nicht allzu schnell mit Gott in Verbindung bringt.

»Warum sollte Christsein öde und langweilig sein?«

Der Verfasser dieses Psalm-Liedes tut es. Er fordert auf, die Gemeinschaft mit Gott zu genießen – und hängt sogar noch eine Verheißung dran: *Er wird dir geben, was dein Herz begehrt.*

Warum sollte Christsein also öde und langweilig sein? Warum sollten unsere Gottesdienste einschläfernd sein, wozu lähmende Rituale? Lasst uns Lieder singen, die Spaß machen. Lasst uns von Gott reden, als wäre er leibhaftig mitten unter uns. Dann werden wir ihn auch erleben.

Wir hatten einen herrlichen Tag in Nürnberg. Ich trank drei Gläser Cola zum Frühstück, dann zogen wir auf den Markt, erkletterten die Burg, und die Kinder wurden zu allem Überfluss am Abend reich beschenkt (bis in den Februar aßen sie von den Süßigkeiten). Spät abends kamen wir heim. Am nächsten Morgen waren alle etwas müde, und doch standen wir fröhlich auf, aßen Müsli und tranken Milch, und dann gingen wir an unser Tagewerk. Das Besondere gibt Kraft für das Alltägliche.

Beim Namen gerufen

»Namen sind Schall und Rauch« – wer kennt es nicht, das berühmte Zitat aus Goethes *Faust*? Manchmal verwenden wir es als Entschuldigung, wenn uns ein Name partout nicht einfallen will. Und wer kann sich schon alle Namen merken? Da ist ein Griff in die Zitatenkiste der deutschen Literatur eine elegante Form der Ausrede ...

Doch was wir oft nicht wissen: Es ist Mephisto, den der Weimarer Dichter diesen Satz dem Doktor Faust einflüstern lässt. Mephistopheles, der Böse, der Diabolische, der Verführer, der Durcheinanderbringer, der verkörperte Teufel höchstpersönlich. Er interessiert sich nicht für Menschen, und warum also für ihre Namen?

Doch es gibt einen Gegenentwurf – wir finden ihn in der Bibel. Dort ist es ganz anders: Namen haben eine zentrale Bedeutung. Ein Name bringt das Wesen einer Person zum Ausdruck. Er macht ihn zur eigentlichen Person. Der Mensch erhält, kaum geschaffen, einen Namen: Adam. Und dann, nachdem auch Eva geschaffen und mit ihrem Namen benannt wurde, erhalten beide eine gemeinsame Aufgabe: Sie sollen den Tieren Namen geben.

Für Gott sind Namen von elementarer Bedeutung. Das beginnt – wie gesehen – bei der Schöpfung und gipfelt später in dieser Aussage: *Ich habe dich bei deinem Namen gerufen, du gehörst zu mir* (Jesaja 43,1).

Gott kennt meinen Namen. 6,78 Milliarden Menschen leben auf dieser Erde. Und doch kennt Gott meinen Namen. Gott weiß, wer ich bin. Er kennt mich persönlich. Er weiß um mich. Er ruft mich. Er sehnt sich nach mir. Er möchte, dass ich ihm gehöre. Da gibt es kein unpersönliches: »Ich liebe euch alle!«. Sondern eine ganz persönliche Ansprache. Für all das steht mein Name: Für das Kennen, das Rufen, das Zusammengehören.

»Gott kennt meinen Namen. Er kennt mich persönlich.«

Manche Namen haben eine tiefere Bedeutung: Wir sind nach einer Person benannt, oder nach einem Erlebnis. Eine unserer Töchter heißt Talitha. Noch während der Schwangerschaft wies der Embryo Merkmale einer Behinderung auf, und uns wurde zur Abtreibung geraten. Wir entschieden uns für das Baby – und das Mädchen kam ohne Behinderung und gesund zur Welt. In Erinnerung an ein Mädchen, von dem in der Bibel erzählt wird, dass Jesus es vom Tod auferweckt hat, gaben wir unserer Tochter den Namen Talitha.

Natürlich steckt nicht hinter jedem Namen eine besondere Geschichte. Vielleicht gefällt den Eltern ganz einfach der Klang eines Namens. Die Bedeutung ist dann eher zweitrangig. Ich zum Beispiel bin Jahrgang 1964 und komme aus dem Norden Deutschlands. Da mussten meine Eltern nicht mal Fußballfans sein, um sich von der »Uns-Uwe«-Euphorie anstecken zu lassen: Uwe Seeler war populär, der Name war schick. Er hatte aber keine tiefere Bedeutung. Ein Fußballstar jedenfalls ist nicht aus mir geworden. Und wörtlich heißt Uwe »der Älteste«.

Doch auch das stimmt nicht, ich war der Mittlere von fünfen.

Und doch ist es eben dieser Name, der mir die Bedeutung gibt: Mit diesem Namen sagte schon meine Mutter und sagt heute meine Frau zu mir: »Uwe, ich liebe dich.« Ich bin gemeint, diese Liebe baut mich auf.

Und mit diesem Namen hat Gott mich gerufen. Er hat mich zu seinem Kind gemacht. Er hat mich in seinen Dienst gestellt, den Dienst für Gott und Menschen in dieser Welt.

Nein, Namen sind nicht Schall und Rauch – Gott kennt deinen und meinen Namen. Was könnte großartiger sein?

Blutspende

Ich spende Blut. Seit Jahren. Wer weiß, vielleicht benötigt man ja selbst mal eine Konserve? Regelmäßig bekomme ich also Post vom Roten Kreuz und werde so auf den nächsten Spendetermin hingewiesen.

Nun war ich mehrere Male verhindert gewesen. Und auch heute hatte ich eigentlich keine Zeit. Meine Frau war unterwegs, ich war mit unseren vier Kindern allein. Was tun? Kurzerhand nahm ich sie schließlich einfach mit.

Interessiert schauten die Kinder zu: beim Zettel aus-füllen, beim Blutdruckmessen und beim kleinen Stich ins Ohrläppchen, mit dem ein Tröpfchen Blut für Vorunter-suchungen entnommen wird. Und dann sahen sie, wie Papa sich auf die Liege legte, der Arm abgebunden wurde und eine Krankenschwester ihm die große Nadel in die Armbeuge stach. Ich pumpte mit der Hand, ballte sie zur Fast und öffnete sie in gleichmäßigem Wechsel. Das Blut floss in einen Plastikbeutel.

Ziemlich aufregend, das Ganze. Und so waren alle froh, als ein halber Liter zusammengekommen war und wir zum Imbiss gehen konnten. Nach der Blutspende gibt es ja etwas zur Stärkung, Auch die Kinder bekamen ein Wiener Würstchen und etwas Süßes.

Zum nächsten Termin ging ich dann wieder alleine. Nach erfolgtem Aderlass saß ich wieder in der Kantine. Zufällig hörte ich, wie zwei ehrenamtliche Helferinnen, die den Imbiss reichten, sich unterhielten. Sie sprachen über einen Mann, der gerade gegangen war. »Der hat aber viel gegessen.«

»Ja, zweimal nachgenommen. Manche Leute sind aber auch unverschämt. Weißt du, was ich neulich mal erlebt habe?«

»Nee, was?«

»Da kam einer gleich mit seiner ganzen Familie, vier Kinder haben sich hier vollgestopft!«

»Das darf doch nicht wahr sein!«

»Die ganze Familie hat sich hier vollgestopft!«

Ich war sauer. Was fällt denen eigentlich ein? Die Organisationen verdienen gut mit den Blutpräparaten, und über einen Vater, der froh ist, einen Termin zu finden, und bei der Gelegenheit seine Kinder ans Blutspenden heranführt, zerreißt man sich das Maul? Ich sagte zwar nichts, aber die nächsten drei Einladungskärtchen landeten kurzerhand im Altpapier. Mit mir nicht!

Fast ein Jahr ging ins Land. Wieder kam eine Postkarte mit der Bitte zum Blutspenden. Gerade wollte ich sie wegschmeißen, da durchzuckte es mich siedend heiß: Du bist beleidigt, und irgendwo im Land braucht einer Hilfe. Was ist eigentlich wichtiger: gekränkte Ehre oder konkrete Barmherzigkeit? Was sagt Jesus? Liebe deinen Nächsten – sofern du nicht gerade beleidigt bist?

Gut, dass wir ein Gewissen haben ... Nun spende ich also wieder. Und hoffentlich später auch meine Kinder.

Danken

»Danken schützt vor Wanken und Loben zieht nach oben.« Es war ein Seelsorger, der mir diese Weisheit mit auf den Weg gab. Mein Leben als Christ war noch ganz frisch, da tun einfache Ratschläge gut. »Nimm dir regelmäßig Zeit, Gott zu danken und Loblieder zu singen«, empfahl er mir. Und er hatte recht.

Wie schnell wird das Gute selbstverständlich. Wie schnell überrollt uns das Schwere. Dabei entdeckt der dankbare Blick die schönen Seiten des Lebens.

Wenn meine Kinder abends vor dem Einschlafen beten, hat sich eine Art Formel eingebürgert. Sie beginnen ihre Gebete unisono mit den Worten: »Danke, lieber Gott, für diesen schönen Tag.«

Ja, es war ein schöner Tag. Immer. Ein Tag, den wir uns nicht selbst gegeben haben. Ein Tag, den Gott uns geschenkt hat. Dass die Sonne aufging und der Himmel uns nicht auf den Kopf fiel, war ein Geschenk Gottes. Dass wir leben, lachen, spielen konnten – danke, Vater. Dass wir die Kraft hatten, Schmerzen zu ertragen, Leidende zu trösten – auch dafür: danke, Vater.

Es gibt vieles, was sich wie ein Filter über unsere Wahrnehmung legen kann. Negative Filter wie Neid,

Eifersucht, Nörgelei, Arroganz machen uns das Leben schwer. Positive Filter wie Dankbarkeit machen das Leben lebenswert. Wer dankbaren Menschen begegnet, nimmt etwas von dieser Lebensfreude auf.

Vor einiger Zeit schrieb ich eine Reportage über eine Frau, die an Multipler Sklerose erkrankt ist. Vor ihrer Erkrankung war sie Heilsarmeeoffizierin (also Pastorin) gewesen, ein sehr erfülltes Leben. Ich besuchte sie in ihrer Wohnung, und sie erzählte mir, wie sie ihren Alltag meisterte. Jeden Morgen benötigte sie alleine über zwei Stunden, um sich anzuziehen. Sie tat mir unsagbar leid. Doch mit leuchtenden Augen ergänzte sie: »Aber ich bin so dankbar, dass ich mich noch alleine anziehen kann.« Ihre Dankbarkeit war so tief, echt und glaubwürdig, dass ich beschämt und ermutigt zugleich war.

> *»Sie benötigte zwei Stunden, um sich anzuziehen.«*

Dankt dem Herrn, denn er ist gut, so beginnt Psalm 118. Und das schreibt kein Luftikus. Sondern wer weiter liest, dem kann angst und bange werden: Feinde fallen wie Bienenschwärme über diesen Beter her, sein Leben ist in Gefahr, er wird verworfen und verachtet. Und doch: Er beginnt mit Dank und endet mit den Zeilen: *Du bist mein Gott, dir will ich danken. Mein Gott, dich allein will ich ehren! Dankt dem Herrn, denn er ist gut zu uns, und seine Gnade hört niemals auf!*

Solch einen Lebensstil will ich auch praktizieren.

Das Zahnarztphänomen

Kennen Sie das »Zahnarztphänomen«?

Ich habe Zahnschmerzen. Es tut weh, richtig weh. Au backe, können Zähne zwicken! Und dann kommt jemand mit dem Vorschlag, ich könnte ja zum Zahnarzt gehen. Und plötzlich, erstaunlicherweise, ist es eigentlich gar nicht mehr so schlimm.

Wir beklagen eine Not, leiden unter den Folgen, aber die Angst vor der Behandlung hält uns im Ernstfall dann doch davon ab, etwas gegen das Problem zu tun. Zahnschmerzen tun weh. Aber wenn eine Tablette sie mildert, ist der Zahnarzttermin schnell wieder verschoben.

Wie kommt das? Wir haben Angst. Manchmal ist es die Angst vor den Konsequenzen. Wir wissen, dass eine Entscheidung Folgen hat.

Vielleicht haben wir auch schlechte Erfahrungen gemacht oder zumindest davon gehört. Und nun wollen wir uns schützen und eine weitere schlechte Erfahrung vermeiden. Enttäuschung ängstigt und macht vorsichtig.

Meistens aber ist es schlicht eine gewisse Unkenntnis, die hinter der Angst steckt. Das Neue ist fremd, das Alte vertraut. Und so ist unsere innere Gleichung dann schnell: Lieber das Vertraute – auch wenn es wehtut –

als das Ungewisse, auch wenn das vielleicht die Lösung unserer Probleme bringen könnte.

Könnte – es ist dieser Konjunktiv, der uns verunsichert. Lohnt sich der Einsatz, wenn es keinen garantierten Erfolg gibt?

Warum verlässt die Frau ihren Mann nicht, obwohl er trinkt und sie und die Kinder schlägt? Weil er doch versprochen hat, sich zu ändern, und es diesmal sicher ernst meint? Nein, das ist selten der wahre Grund. Vielmehr bleibt sie, weil sie Angst hat: Angst vor dem Ungewissen, vor der Reaktion des Mannes und vor den Leuten um sie her; Angst davor, wie es weitergeht; Angst vor dem Alleinsein. Also wählt sie das Vertraute, das Alte. Und redet es sich schön. Gründe, Ausreden gibt es immer ...

»Ich will Lösungen, nicht Pillen schlucken.«

Was hilft nun gegen das »Zahnarztphänomen«? Zuallererst hilft, es zu durchschauen. Ich weiß mittlerweile, wie ich reagiere. Ich keine meine Selbstüberlistungstricks – und das hilft mir, sie beim nächsten Mal zu entlarven und ihnen nicht auf den Leim zu gehen.

Ich habe mich entschieden, in meinem Leben Lösungen zu suchen, nicht Pillen zu schlucken. Deswegen will ich meinen eigenen Ausreden nicht glauben.

Und dann sind da Menschen. Meine Frau durchschaut mich und sagt mir die Wahrheit. Auch Freunde scheuen sich nicht davor. Ich erlaube ihnen, Klartext mit mir zu reden. Das hilft mir mehr, als mit Samthandschuhen angefasst zu werden.

Fischschwarm

Sieben Fische zieren unser Auto. Der Fisch ist ein urchristliches Symbol. *Ichthýs,* das heißt auf Griechisch Fisch, und es sind zugleich die Anfangsbuchstaben des Griechischen *Iēsous Christós Theoú Hyiós Sōtér,* auf deutsch: Jesus Christus, Gottes Sohn, Retter. Viele der ersten Christen benutzten das Symbol als geheimes Erkennungszeichen. Sie wurden verfolgt, das Kreuz war verräterisch, so wählten sie das Fischzeichen.

Heute finden wir den Fisch häufig als Autoaufkleber. Auch wenn vielfach nur Christen das Symbol verstehen, ist es ein Bekenntnis. Ich bin Christ.

Wir haben seit Jahren einen Fisch auf unserem jeweiligen Auto. Zur Steigerung der Deutlichkeit steht manchmal lesbar »Jesus« in diesem Fisch.

Nun hatten wir ein neues Auto. Noch war es »fischfrei«. Die Kinder wollten gerne wieder einen Aufkleber haben. Also drückten wir ihnen das Portemonnaie in die Hand und sie durften sich in einer christlichen Buchhandlung einen Fisch aussuchen.

Zurück kamen sie mit einem ganzen Schwarm. Sieben Fische kleben nun an unserem Heck. Zunächst schien uns das ein bisschen viel. Aber als die Kinder uns ihre Absicht erklärten, waren wir schnell einverstanden.

So sind die Fische angeordnet: Ein großer Fisch schwimmt vorneweg, zwei weitere große Fische schwimmen hinterher, vier kleine Fische folgen den beiden großen. Das soll bedeuten: »Mama und Papa, wir alle folgen Jesus. Und wenn ihr beide Jesus folgt, dann folgen wir Jesus und euch.«

»Mama und Papa, wir alle folgen Jesus nach.«

Kinder folgen nicht immer dem, was wir Eltern ihnen sagen. Aber, und das weiß jeder Pädagoge, sie folgen unserem Beispiel. Sie lernen am Modell. Auch Glauben lernen sie so. Unser Vorbild kann die Kinder nicht von einer eigenen Entscheidung entbinden. Aber es wird eine Grundlage legen. Und deswegen waren wir mit den sieben Fischen auch schnell einverstanden.

So haben wir auf unserem Auto nun also gleich dreierlei: ein Bekenntnis zu Jesus, ein Bekenntnis dazu, dass hier eine Familie unterwegs ist, und eine Erinnerung an unsere Verantwortung als Eltern. Was sich so alles in einem Fischschwarm tummeln kann ...

Demut vor dem Leben

Los ging's mit Adam und Eva. Adam: »Sie ist schuld.«
Eva: »Die Schlange war's.« Seither hat es nicht mehr auf-
gehört. Wir sind so. Wir suchen ständig jemanden, dem
wir die Schuld geben können. Warum? Manchmal, um
von uns selber abzulenken. Und manchmal auch, weil wir
dieses Geheimnis, das man Leben nennt, einfach nicht
verstehen.

Warum gibt es Leid, Krieg und Unfrieden? Warum
müssen manche Eltern ihre Kinder beerdigen? Warum
sind es oft die Besten, die das Schicksal so schrecklich
heimsucht? Warum scheitern wir so oft trotz guter Vorsätze? Wir wissen es nicht. Und weil dieses Nichtwissen
so schwer zu ertragen ist, suchen wir Schuldige. Das
scheint uns dann eine Erklärung zu sein.

Fällt uns kein Mensch mehr ein, setzen wir Gott auf die
Anklagebank. Wie kann er nur solchen Schmerz zulas-
sen? Kann ein Gott der Liebe wirklich so grausam sein?

Gott mutet uns dieses Leben zu. Das heißt zugleich: Gott
traut uns dieses Leben zu. Könnte gerade darin seine
Barmherzigkeit stecken? Könnte genau das seine Art
sein, dass er eben nicht mit dem Finger schnippst und

die Menschen in den Himmel *beamt*, sondern sie mitten hineinstellt in diese unerlöste Welt, in der alle Menschen und sogar die Schöpfung selbst »seufzen nach der Erlösung« (Römer 8)?

Gottes Sohn Jesus Christus kam vom Himmel herab in diese Welt und wurde Mensch. Er starb am Kreuz und wurde begraben. Kann es sein, dass auch wir hier in dieser Welt, genau so, wie sie nun einmal ist, unseren Platz haben? Kann es sein, dass es eben dieses Leben ist, das uns lehrt, den Menschen barmherzig und gnädig, liebevoll und zugewandt zu begegnen?

»Gehört unser Versagen, unser Verzweifeln zum Leben?«

Christus ist auferstanden! Das ist unsere Hoffnung – um wieviel mehr, als die Welt immer noch vom Schrecken des Todes gelähmt ist. Kann es sein, dass unser Versagen, unser Hinfallen, unser Verzweifeln zu diesem Leben gehören, und dass wir genau deshalb erst um die Gnade, um die Größe der Vergebung wissen?

Der Apostel Paulus schreibt einmal: *Soll das nun etwa heißen, dass wir einfach Schuld anhäufen können, weil ja Gottes Barmherzigkeit zählt und wir das Urteil des Gesetzes nicht mehr zu fürchten brauchen? Nein, so ist das nicht gemeint!* (Römer 6,15).

Nein, das Schlechte zu wählen, um das Gute erst richtig zu erkennen, sollte für Christen keine Option sein. Und dennoch gilt, was Jesus sagte: Wem viel vergeben ist, der liebt viel. Kann es sein, dass Gott uns diese Fähigkeit zur Sünde, zum Schuldig werden, zum Versagen deshalb nicht mit einem Fingerschnippen einfach weg nimmt, damit wir – bei allem Schmerz, den wir uns und anderen zufügen – aus Vergebung leben und damit barmherzig werden? Das taugt nicht zur Rechtfertigung der bösen Tat – aber zur Dankbarkeit über die Gnade.

Wer sich auf die Suche macht nach Gott und seinen Zusagen, der wird das nicht jenseits dieses Lebens können, sondern mittendrin. Wir brauchen ein Ja zu dieser Welt, eine Demut vor dem Leben. Dann brauchen wir auch keinen mehr, dem wir die Schuld in die Schuhe schieben.

Frieren?

Frieren?

Das Wetter wechselte sehr plötzlich. Von einem Tag auf den anderen war es 15 Grad kälter geworden. Der milde Spätsommer schlug um in feuchte Herbstkälte. Unsere Kinder hatten noch die Garderobe vom Vortag gewählt. Florian trug ein dünnes T-Shirt.

»Bitte zieh dir doch eine Jacke an«, bat ich ihn, als ich es bemerkte.

»Aber ich friere doch gar nicht«, meinte er.

»Doch, Flori,« beharrte ich, »es ist wirklich kalt. Oder nicht?«

Er lenkte ein: »Ja, schon, es ist kalt. Aber wenn du es nicht gesagt hättest, hätte ich es gar nicht gemerkt.«

Komisch ist das. Manches merken wir erst, wenn uns jemand darauf hinweist. Bei Florian war es die Kälte. Bei mir war es einmal eine Studentin, die sich nach einer Prüfung beschwerte: »Warum haben sie denn die ganze Zeit so streng geschaut? Es war doch eine gute Note. Sie haben mich ganz verunsichert.« Ich hatte mich ganz anders wahrgenommen: konzentriert und aktiv. Ich fragte einige andere Studierende, und sie bestätigten: Ich schaute immer so streng. Zum Glück hat mich die Studentin angesprochen, ich hätte das sonst nicht selbst gemerkt. Seitdem gehe ich anders in Prüfungen, bemühe mich, freundlich und ermutigend zu schauen.

Auch beim Thema Glauben ist das so. Wie sollen Menschen Gott kennenlernen, wenn ihnen niemand etwas von ihm erzählt? In meiner Heimatstadt Gera sind viele Menschen durch den Atheismus geprägt. So war das in der DDR. Man glaubte nicht an Gott. Und so glauben sie nicht an Gott. Doch nur wenige sind überzeugte Atheisten. Sie sind gar nicht grundsätzlich gegen Glaubensdinge. Sondern sie wissen einfach wenig darüber. Über Gott, Jesus Christus oder über die Bibel. Sie wissen nicht, dass man Gott persönlich kennenlernen kann. Und viele Menschen sind dankbar und offen, wenn sie dann davon erfahren.

»Sie sind gar nicht gegen Glaubensdinge.«

In der Bibel steht: *Der Glaube kommt aus dem Hören der Botschaft; und diese gründet sich auf das, was Christus gesagt hat* (Römer 10,17). Das ist eine klare Aufforderung, vom Glauben zu sprechen. Wie sollen Menschen Christen werden, wenn sie diese Nachricht nicht hören? Das ist keine Kritik an der »bösen Welt«, sondern ein Auftrag für Christen: von Jesus Christus zu sprechen. Von seinem Leben, seinem Sterben, seiner Auferstehung.

Und wie beharrlich sollen wir dabei sein? Meinen Florian musste ich ganz schön anstupsen, bis er die Kälte bemerkte. Sicher ist es weder liebevoll noch effektiv, Menschen zu drängen. Da hat sich – vorsichtig ausgedrückt – das Gehabe mancher Missionare nicht immer als angemessen erwiesen. So sind wir sehr vorsichtig und zurückhaltend geworden. Wir wollen ja nicht zur Last fallen, niemandem unseren Glauben »aufdrücken«. Das ist gut so. Doch wenn der andere in Gefahr steht, sich zu erkälten – muss ich dann nicht etwas sagen, um ihn zu schützen? Wenn Menschen ohne Gott verloren sind – kann ich da über die Hoffnung auf den lebendigen Gott schweigen?

Wenn wir in Liebe unseren Glauben bezeugen, dann kann das etwas bewirken. Und dann hören wir mitunter: »Ohne dich hätte ich von Gott gar nichts gemerkt.«

Wie der eine, kleine

Wie der eine, kleine
Funken das Gras
Entzündet
Wenn es trocken ist

Wie der eine, kleine
Tropfen im Glas
Überfließt
Wenn es schon voll war

Wie der eine, kleine
Stein den Bogen
Zusammenhält
Wenn er die Mitte ist

So findet auch
Das kleinste Lächeln
Seine Antwort
Wenn es ehrlich ist

So findet auch
Die kleinste Hilfe
Ihren Dank
Wenn sie aufrichtig ist

So findet auch
Das kleinste Gebet
Offene Ohren
Weil Gott hört

Gedanken zur Nacht

Ich schreibe einen Radiobeitrag für die Reihe »Gedanken zur Nacht« im MDR. Mein Text muss noch heute fertig werden. Die Zeit wird knapp. Nun sitze ich an meinem Schreibtisch, überlege – und mir fällt nichts ein. Ich kaue auf dem Bleistift herum, kritzele irgendwelche Notizen aufs Schmierpapier, aber es will und will sich kein vernünftiger Gedanke daraus formen.

Da ruft meine Frau zum Essen. Eine gute Idee, manchmal hilft eine Unterbrechung ja am meisten. Wir sitzen beim Abendbrot und plötzlich habe ich eine Idee – ich frage meine Kinder: »Sagt mal, was wünscht ihr den Menschen in dieser Nacht?«

Die Kleinste, Savina (drei), ist die Schnellste: »Schäfchen«, sagt sie und strahlt. Ich weiß, was sie meint: Ich wünsche den Menschen, dass sie jemanden haben, an den sie sich anschmiegen können. So, wie Savina sich jeden Abend beim Einschlafen an ihr kleines Stoffschaf kuschelt.

Talitha (fünf) gibt sich mit solch kleinen Wünschen nicht zufrieden, sie will, »dass alle Armen reich werden, dass kein Krieg mehr ist und dass alle an Gott glauben«. Auch sie strahlt. Ich bin beeindruckt. Ach, denke ich, warum nur verlernen wir Erwachsenen irgendwann, solche Wünsche zu haben? Wie schön wäre es, uns die Sehnsucht nach Gerechtigkeit und Frieden zu erhalten!

Melissa (zehn) denkt an ihre Heimatstadt: »Ich wünsche mir, dass nicht mehr so viele Menschen arbeitslos werden in Gera, sonst ziehen so viele weg und Gera wird immer kleiner.« O ja, denke ich, du arme Maus, das hast nun schon drei- oder viermal erlebt, dass deine beste Freundin weggezogen ist. Das tut ganz schön weh. Gera hatte vor der Wende gut 130 000 Einwohner, seither sind zusätzliche 35 000 eingemeindet worden, und heute sind mal gerade noch knapp 101 000 Menschen übrig. Gerade viele junge Familien mit Kindern sind dorthin gezogen, wo sie Arbeit gefunden haben.

»Gut für den Tag: Guter Schlaf und gute Träume.«

Florian (acht) macht den Abschluss: »Ich wünsche den Menschen eine schöne Nacht, und dass sie keine Albträume haben, sondern etwas ganz Schönes träumen.«

Dem schließe ich mich an. Kaum etwas zehrt an uns wie schlechte Träume. Guter Schlaf und gute Träume dagegen stärken für den ganzen nächsten Tag.

Mehr als die Kinder kann man wohl gar nicht wünschen. Womit an diesem Tag mein kreatives Loch überwunden wäre. Danke, Kinder. Und gute Nacht!

Dass das Leben gelingt

Es war kurz nachdem ich Jesus Christus begegnet war und mein Leben sich radikal drehte. Ich war hungrig danach, in dieses neue Leben als Christ hineinzuwachsen, begierig darauf, die Bibel kennenzulernen. Doch wo sollte ich anfangen, sie zu lesen? Vorne, so wie jedes andere Buch auch? Das hatte ich mehrfach versucht, war aber nach dem spannenden Anfang regelmäßig im 2. Buch Mose über der Lektüre »abgestürzt«. All diese Namenslisten und Aufzählungen, das war mir zu langweilig ...

Oder war es vielleicht besser, im Neuen Testament zu beginnen, dort, wo wir direkt etwas über das Leben und die Lehre von Jesus Christus erfahren?

Ich fragte einen Freund, der mich seit längerem kannte. Er wusste Rat: »Ich würde sagen, du liest am besten zwei Bücher abwechselnd. Jeden Tag ein Kapitel aus dem Buch Markus, das ist das kürzeste Evangelium, und ein Kapitel aus den Sprüchen Salomos«, riet er mir, »Es ist wichtig, dass du Jesus besser kennenlernst. Aber es ist auch wichtig, dass dein Leben gelingt.«

Sein Ratschlag hat sich bewährt. Jesus zu kennen, ist das A und O für Christen. Und die vielen lebensklugen Ratschläge in den Sprüchen haben mir dabei geholfen, mein Leben zu sortieren.

Sie sind meistens kurz. Ein Beispiel: *Ein Dummkopf weiß immer alles besser, ein Kluger nimmt auch Ratschläge an* (Sprüche 12,15). (So hatte ich es ja gerade gemacht.) Man merkt, aus diesen Sätzen spricht der gesunde Menschenverstand. Da ergeben sich viele Aha-Effekte. Die Wahrheiten leuchten meistens schnell und unmittelbar ein – und geben doch lange zu denken und viel zu tun.

Um beim Beispiel von oben zu bleiben – wer kennt das nicht, dass man sich selbst für klug hält, statt Rat anzunehmen? Wer das ernst nimmt, wird nach hilfreichem Rat Ausschau halten, wird Mühe investieren und schließlich erkennen, dass in diesem kurzen Spruch ein ganzes Lebenshilfekonzept verborgen ist. Ein weiser Mensch hört längst nicht auf jeden Ratgeber, aber er sucht sich Freunde und Berater, auf deren Urteil er sich verlassen kann. Niemand entbindet uns von unserer eigenen Verantwortung. Doch Weisheit lehrt uns, klugen Rat zu holen.

»Ein weiser Mensch sucht sich Freunde und Berater.«

Und so ist es meistens mit den Sprüchen Salomos: Sie sind lebenspraktisch, gehen in die Tiefe und haben dabei eine deutliche Absicht. Sie wollen, dass das Leben gelingt. Lesen Sie mal!

Das große göttliche Ja

»Nein!« Ein einfaches Wort, vier Buchstaben nur. Doch wie schwer ist es gelernt! Wer Kinder erzieht, kann ein Lied davon singen. Nein sagen können sie bald, aber ein Nein akzeptieren?

Menschen, das wissen wir alle, brauchen Orientierung. Wir brauchen Leitlinien, Werte und Gebote ebenso wie Grenzen, Schranken und Verbote. Und doch tun wir uns schwer mit dem direktiven »Nein!«. Kommandoton mögen wir alle nicht. Wie kommt das?

Die Bibel lehrt uns, dass wir mündige Menschen sind. Als Gottes Gegenüber erschaffen, nicht als Marionetten. Mündigen Menschen aber befiehlt man nicht, sondern man spricht mit ihnen, man erklärt, man überzeugt, zeigt Argumente auf, weist auf Konsequenzen hin. Unterdrückung, autoritäres Gehabe sind da fehl am Platz.

Die Zehn Gebote sind uns oft als großes göttliches »Nein!« überliefert. »Du sollst« hören wir da, und häufiger noch: »Du sollst nicht!« Ist Gott ein so schlechter Pädagoge? Immerhin hat er den Menschen geschaffen und weiß also auch, wie er funktioniert. Er muss doch wissen, dass uns dieses Nein nicht erreicht! Oder ist Gott gar ein überdimensionaler Pascha, der vom Himmel her kräftige Kommandos erteilt?

Schauen wir also einmal genauer hin. Die Worte in 2. Mose 20 sind im hebräischen Imperfekt formuliert, einer offenen Zeitform, die es so im Deutschen nicht gibt. Dieser Imperfekt lässt sich auch mit »du wirst nicht« übersetzen.

Und schon klingt es ganz anders. Nicht mehr nur als Verbot, sondern als Verheißung. Gott verbietet nicht, er macht Neues möglich. So kann es heute beginnen und wird es zukünftig werden: Du wirst eine gesegnete Ehe haben, so dass du nicht fremdgehen musst, um Erfüllung zu finden. Du wirst so gut versorgt sein, dass du deinem Nächsten dessen Hab und Gut nicht zu neiden oder gar zu stehlen brauchst. Du wirst mit deinem Nächsten im *Schalom,* dem göttlichen Frieden leben, Gewalt muss nicht sein.

»Gott verbietet nicht, er macht Neues möglich.«

Es wird deutlich: hier verbirgt sich kein Nein – sondern ein Ja. Gott sagt ja zum Leben. Zu meinem Leben und zum Leben des anderen. Darum sage ich nein, zu allem, was dieses Leben zerstört. Und darum sage ich ja zu Gott selbst.

Gottlos, ohne Gott loszuwerden

Neulich schrieb Bettina, eine Frau aus unserer Gemeinde, ihre Lebensgeschichte auf und gab sie mir zu lesen. Eine Passage hat mich dabei besonders berührt:

»...Es folgten vier Jahre, die richtig hart waren. Ich wurde als Alleinerziehende arbeitslos, mein Sohn war schwierig in der Erziehung, er bekam Anfälle und ich wurde beim Jugendamt angezeigt, dass ich ihn schlagen würde. Im Jahr 1995 wurde unser Sohn Marc eingeschult und es wurde richtig heftig mit seinen Anfällen. Ein Arzt schlug uns vor, ihn zur Diagnostik nach Stadtroda in die Kinder- und Jugendpsychiatrie zu bringen. Das taten wir dann auch und es waren schwere Wochen. Die Diagnose nach acht Wochen lautete: Marc ist nicht verhaltensgestört, sondern verhaltensbehindert – er ist Autist! Ab da konnte ich diesbezüglich zwar aufatmen, was meine Schuld daran betraf, aber als ordentliche Atheistin habe ich natürlich erstmal Gott angeklagt: Warum mein Sohn? Der hat doch nichts getan! Er ist doch unschuldig! ...«

Ich fragte Bettina: »Warum wirst du an dieser Stelle so ironisch: ›Als ordentliche Atheistin habe ich natürlich erstmal Gott angeklagt‹?«

Sie antwortete entrüstet: »Das ist überhaupt nicht ironisch. Das war so. Weißt du, es ist verrückt, wir wurden atheistisch erzogen, wir wären nie in eine Kirche gegangen. Und doch blieb da so ein Rest, dass wir Gott für alles die Schuld gegeben haben.«

Es ist ein Phänomen. Menschen können gottlos leben, aber Gott loswerden, das geht nicht. Wenn wir ihn als Schöpfer nicht anerkennen, als Erlöser nicht zu brauchen meinen, als Herrn der Welt nicht akzeptieren, dann muss er eben als Sündenbock herhalten.

»... weil Gott uns beide zu sich rufen wollte.«

Der Prediger Salomo schreibt: *Für alles auf der Welt hat Gott schon vorher die rechte Zeit bestimmt. In das Herz des Menschen hat er den Wunsch gelegt, nach dem zu fragen, was ewig ist.* Und er fährt fort: *Aber der Mensch kann Gottes Werke nie voll und ganz begreifen* (Prediger 3,11).

Bettina hat Gott dann doch kennengelernt, Jahre später. Und ihr Sohn Marc ebenfalls. Und damit haben sich die Fragen nach dem Warum beantwortet. Heute ist sich Bettina ganz sicher: »... weil Gott uns beide zu sich rufen wollte, weil er eine Ewigkeit für uns hat.«

Hammerschläge und Paukenschlag

War es wirklich ein Hammer, den Martin Luther am 31. Oktober 1517 in den Händen schwang? War es tatsächlich die Tür der Schlosskirche Wittenberg, an die er seine 95 Thesen genagelt hat? Oder war es »nur« das Schwarze Brett an der Universität? Historiker streiten darüber. Doch ganz gleich, wie es geschichtlich genau zugegangen ist, eins ist klar: Es war ein Paukenschlag der Weltgeschichte.

Eigentlich hatte er ja nur ein Gespräch anregen wollen, der Herr Martinus Luther, seines Zeichens »Magister der freien Künste und der heiligen Theologie sowie deren ordentlicher Professor daselbst«. Doch seine 95 Thesen erzeugten einen Flächenbrand und führten zur Reformation.

Worum ging es Luther eigentlich? Schauen wir uns seine ersten drei Thesen an:

Da unser Herr und Meister Jesus Christus spricht »Tut Buße« usw. (Matthäus 4,17), hat er gewollt, dass das ganze Leben der Gläubigen Buße sein soll.

Dieses Wort kann nicht von der Buße als Sakrament – das heißt, von der Beichte und Genugtuung –, die durch das priesterliche Amt verwaltet wird, verstanden werden.

Es bezieht sich nicht nur auf eine innere Buße, ja eine solche wäre gar keine, wenn sie nicht nach außen mancherlei Werke zur Abtötung des Fleisches bewirkte.

Was da so unscheinbar klingt, enthält doppelt Sprengstoff. Zum einen kritisiert Luther die Kirche: Nicht das Sakrament, nicht der Priester wirkt die Buße, sondern allein das Wort Gottes. Damit wird jede Mittlerposition der Kirche geleugnet. Und damit wiederum ihre Macht beschnitten. Das musste zu seiner Zeit, als Papst und Kaiser um die Vorherrschaft in der Welt rangen, als der Papst dringend Geld für den Bau des Petersdomes benötigte, wie eine Bombe einschlagen.

»Was nützt Buße, wenn sie sich nicht auswirkt?«

Und zum anderen nimmt Luther damit den einzelnen Gläubigen in die Pflicht: Was nützt eine Buße, wenn sie nicht Auswirkungen auf das ganze Leben hat? Luther vertritt eine innere Umkehr zu Gott und nicht eine äußere Teilnahme am Sakrament. Dass diese innere Buße echt sei, zeige sich im Lebensstil, im Handeln des Gläubigen. Niemand kommt durch gute Werke zu Gott, aber jeder, der Gott wirklich kennt, wird gute Werke tun.

Eigentlich ist diese Botschaft bis heute ein Hammer: Gott spricht Menschen ganz persönlich an. Und er möchte, dass wir mit unserem ganzen Leben darauf antworten und es ihm zur Verfügung stellen.

Kasse des Vertrauens

Dass es das noch gibt! Sonntagnachmittag in einer Kleinstadt in Graubünden in der Schweiz. Ich bin auf der Suche nach einem Bäcker. Der »Beck«, wie die Schweizer ihren Bäcker nennen, hat geschlossen. Aber auf dem Bürgersteig, neben der Ladentür, steht eine Kühlvitrine. Durch das Glas lachen mich die herrlichsten Köstlichkeiten an: Bündner Nusstorte, »Birreweggli« (mit Birnenmus gefüllte kleine Kuchen) und einiges mehr. Lecker!

Auf der Glastür klebt eine Preisliste. Im untersten Fach der Kühlvitrine steht zum Bezahlen – unbefestigt – eine Geldkassette mit einem Schlitz darin. Eine Kasse des Vertrauens.

Ich entdecke also die Vitrine mit ihrer Kasse. Und was ist meine erste Reaktion? Ich schaue nach oben und suche die Hauswand ab, ob dort vielleicht irgendwo eine Überwachungskamera befestigt ist. Doch da ist keine.

Beschämt blicke ich zu Boden. Sicher hat mich niemand beobachtet, aber trotzdem fühle ich mich irgendwie ertappt. Nicht, dass ich stehlen wollte. Aber wie kann man nur so misstrauisch sein?

Klar, es gibt Gründe für mein Misstrauen. Gerade in den letzten Wochen war in unserer Lokalzeitung von

Trickbetrügern zu lesen. Sie hatten in mehreren Bankfilialen in Gera Handykameras über Geldautomaten installiert, um Geheimzahlen auszuspähen. Und überhaupt hört man doch in den Medien unentwegt und überall von allen möglichen und unmöglichen Gaunereien. Wie soll man da noch vertrauen?

Stimmt. Und stimmt auch nicht. Misstrauen zieht Kreise. Es macht mürrisch. Es macht ängstlich. Es macht neidisch, kleinkariert und gehässig.

»Wer Gott vertraut, braucht nicht zu stehlen.« Die Zehn Gebote lehren uns: »Du sollst nicht stehlen.« Man kann auch übersetzen: »Wer Gott vertraut, braucht nicht zu stehlen.« Gesellschaften, die sich daran halten, sind von Vertrauen geprägt. Das macht offen, freundlich und großzügig. Wer Misstrauen sät, wird Misstrauen ernten. Wer dagegen Vertrauen investiert, wird Vertrauen ernten. Sicher, er wird dabei auch enttäuscht werden, na klar. Aber unterm Strich, in der Summe zahlt Vertrauen sich aus.

Vertrauen ist gut, Kontrolle ist besser? Nein, umgekehrt wird ein Schuh draus: Kontrolle ist wichtig, Vertrauen ist besser. Das geht nicht mehr, heutzutage? Doch, tut es. Sehen Sie nur den Beck an. Warum sollte nicht auch anderswo möglich sein, was in Graubünden funktioniert?

Keine Verurteilung

Mann, gibt es tolle Sätze in der Bibel! Hier ist so einer: *Wer nun mit Jesus Christus verbunden ist, wird von Gott nicht mehr verurteilt* (Römer 8,1).

Kein vernichtendes Urteil – trotz meiner Schuld, kein niederdrückendes letztes Wort – obwohl ich es verdient hätte. Christus ist für uns gestorben, durch ihn, in ihm, mit ihm werden wir auferweckt. Gottes Gericht wird zum Gnadengericht. Was für eine gute Nachricht!

Aber, ach, wie sehr wünschte ich mir – auch bei diesem Thema – etwas mehr vom Himmel hier auf Erden ...

Keine Verurteilung? Bei Christus, na klar. In der Ewigkeit, sicher. Dermaleinst, daran glauben wir, nicht wahr? Aber hier bei uns, im Alltag jetzt und heute, wie sieht es da aus? Finster manchmal. Ein paar Kostproben gefällig? Bitte sehr:

»Hast du schön gehört? Die ist doch tatsächlich schwanger – und an heiraten denkt die sicher nicht.«

»Dieser Kantor wieder, der kann einfach nicht spielen.«

»Hat mich tatsächlich nicht gegrüßt, die Zimtzicke, was bildet die sich eigentlich ein? Meint wohl, sie ist was Besseres?«

Und so weiter und so fort: meckern hier, schimpfen dort. Nase rümpfen, Urteile sprechen den lieben langen Tag. So sind wir. Alle miteinander, du und ich.

Und was das Schlimmste ist: Ich schreibe diese Zeilen, ärgere mich über dieses Verhalten, und würde den so Gescholtenen am liebsten »eins überbraten« – und verhalte mich damit genauso. Ich verurteile.

Ich unglückseliger Mensch!, seufzt und stammelt ein verzweifelter Paulus am Ende von Römer 7. *Wer wird mich jemals aus dieser Gefangenschaft befreien? Ich will immer wieder Gutes tun und tue doch das Schlechte; ich verabscheue das Böse, aber ich tue es dennoch.* Das ist das Elend: wir schaffen es nicht, gut sein.

»*Ich würde ihnen am liebsten ›eins überbraten‹.*«

Doch dann wendet sich seine Verzweiflung: *Wer nun mit Jesus Christus verbunden ist, wird von Gott nicht mehr verurteilt.* Paulus meint das konkret. Heute, jetzt ist Erlösung möglich. Das will ich auch erleben. Und so lautet mein Gebet: »Ach, Herr, wie anders bist du. Anders als die anderen – und als ich selber. Vergib mir. Und hilf mir. Lehre mich, als Begnadigter zu leben. Offen, ehrlich, wahrhaftig – und von dir erfüllt.«

Lasten tragen

Lasten tragen

Januar. Nun hat das neue Jahr seine erste Woche schon
wieder hinter sich. Wie schnell das geht ... Und, was
machen Ihre guten Vorsätze? Halten noch? Glückwunsch!
Bleiben Sie dran.

Schon vergessen? Na, na, dann aber bitte schleunigst
erneuern ...

Dran gescheitert? Tut mir leid. Falls es Sie beruhigt:
Sie stehen nicht alleine da. So geht es vielen. Ich selber
bin auch so ein »Zuvielvornehmer«. Da bürdet man sich
manches auf, will alles schaffen, vielen gerecht werden.
Endlich soll es gelingen – und schneller, als man denkt,
ist es dann zuviel. Man schafft es nicht, resigniert.

Was macht man da? Sollte man vielleicht erst gar keine
guten Vorsätze mehr fassen? Um Gottes Willen – bloß
das nicht! Wer sich nichts vornimmt, bleibt stehen. Das
ist ja nicht im Sinne des Erfinders.

Neulich holte ich unsere Tochter Savina mittags vom
Kindergarten ab. In der Garderobe stand noch ein ande-
res Mädchen und zog sich die Jacke an. Sie hatte einige
Wintersachen dabei: Schal, Wollmütze, Handschuhe.
Ihr Papa nahm das Bündel von der Ablage: »Ich bin mit
dem Auto da, das brauchst du nicht anziehen.« Die kleine

Dame protestierte: »Das trage ich!« »Aber das ist doch viel zu schwer.« »Nein, das trage ich.« »Na gut.« Sie, die beladenen Arme emporreckend: »Und du trägst mich.«

Dieser kleine Mensch hat eine Menge verstanden: »Ich trage meinen Teil – und ich lasse mich tragen.« Tragen und getragen werden. Das ist das Geheimnis, durch das eine Herausforderung nicht zur Überforderung wird.

Paulus schreibt an die Christen in der Provinz Galatien: *Jeder soll dem anderen helfen, seine Last zu tragen. Auf diese Weise erfüllt ihr das Gesetz, das Christus uns gegeben hat* (Galater 6,2). Hilfe gewähren – dafür bin ich manchmal zu faul. Hilfe empfangen – dafür bin ich oft zu stolz. Dabei liegt hier ein Schlüssel zum Gelingen.

»Ich trage meinen Teil – und lasse mich tragen.«

Wie anders dieses Kindergartenkind: »Ich trage meine Last. Und mein Papa trägt mich.« In diesem Sinne bleiben wir dran. Ich gebe mein Bestes, lasse mir auch helfen – und weiß in beidem: Gott ist es, der mich letztlich trägt. So kann manch guter Vorsatz gelingen.

Das *Mutterherz Gottes*

Allianzgebetswoche in Gera: Die evangelische Superintendentin begrüßt die Gottesdienstbesucher im Namen der Schöpferin. Befremden legt sich auf die Gesichter. Schöpferin? Nach dem Gottesdienst schlagen die Wellen hoch. Kann man das so sagen? Ist das noch biblische Theologie?

Bei der Auswertung der Allianzgebetswoche kann sich die Superintendentin erklären. Sie verweist auf die *Ruach Jahwe,* das hebräische Wort aus der Schöpfungsgeschichte, das weiblich ist. Andere aus der Runde können das nicht so stehenlassen. Jemand sagt: »Aber Gott ist doch ganz klar als Vater definiert! Eine männliche Person.« Wieder andere sagen: »Ja, aber vom Neuen Testament her wissen wir doch, dass Gott Geist ist und ihm daher weder männliche noch weibliche Eigenschaften zuzuordnen sind. Jesus war ein Mann, die Jünger waren Männer und Frauen, manche Gotteseigenschaften sind männlich; aber Gott selbst wird uns als Geist beschrieben.«

Schöpferin – ist das denkbar? Ist Gott weiblich denkbar? Und ist dieser Gedanke uns nur fremd oder tatsächlich unbiblisch?

Ein Blick in den biblischen Urtext hilft uns zu verstehen, wo die Wurzel liegt für diesen Gedanken der Schöpferin. *Am Anfang schuf Gott Himmel und Erde. Noch war die Erde leer und ohne Leben, von Wassermassen bedeckt. Finsternis herrschte, aber über dem Wasser schwebte der Geist Gottes.* So lesen wir in 1. Mose 1, Vers 1 und 2.

»Der Geist Gottes schwebte über dem Wasser.« Das könnte man auch übersetzen mit: »Die Geistin Gottes brütete über dem Wasser.« Es wäre sogar richtiger, es so zu übersetzen. Denn das Wort »schweben« klingt eher unbeteiligt. Und das hebräische Wort bedeutet auch »brüten«, »hervorbringen«, »beschützen«.

»Die Geistin Gottes brütete über dem Wasser.«

Eine schwierige, eine befremdliche Vorstellung, doch so steht es da. Gott brütet die Schöpfung aus. Gott bewahrt die Schöpfung. So, wie die Glucke im Nest ihre Eier behütet.

Was ist das für ein Gottesbild? Liegt vielleicht etwas darin, das unseren Horizont erheblich erweitern kann? Kann diese Vorstellung nicht eine Nähe und Vertrautheit zu Gott mit sich bringen? Die Weiblichkeit Gottes, die Mütterlichkeit Gottes als Gegenbild zu einer gestrengen Vaterfigur? Gott vereint in sich beides: Vater und Mutter.

Nikolaus

Die jüngste von vier Geschwistern zu sein, ist manchmal gar nicht so einfach. Die großen Geschwister können einem die schönsten Illusionen rauben. Savina treibt die Frage um: Gibt es nun einen Nikolaus oder gibt es ihn nicht?

Es ist der 6. Dezember, Nikolaustag. Die Kinder – und auch die Eltern – haben einige süße Köstlichkeiten in ihren Schuhen gefunden. Nun sitzen wir am Frühstückstisch und Melissa, Florian und Talitha bearbeiten ihre jüngste Schwester mit altklugen Wahrheiten zur Existenz bzw. Nichtexistenz des Nikolaus'. »Das weiß doch jedes Kind, dass es keinen Nikolaus gibt. Mama und Papa haben die Süßigkeiten in die Schuhe gesteckt!« Doch Savina, die Fünfjährige, lässt sich davon nicht beeindrucken. Sie ist sich ganz sicher, dass es ihn gibt, den Nikolaus.

Da begeht Mama einen Fehler. In ihrem Stiefel steckte eine Marzipanrose. »Wo hast du denn die gefunden?«, fragt sie mich unbedacht.

Sofort geht ein Raunen durch die Kinderschar. »Siehst du, Savina, Papa hat es gekauft.« Savina schaut ziemlich gequält drein. Stimmte das wirklich? Sollte es den Nikolaus tatsächlich gar nicht geben?

Mama versucht, die Situation zu retten: »Der Nikolaus hatte soviel zu tun, da hat er uns angerufen und gesagt, wir sollten ihm helfen.« Na ja, ein guter Versuch, doch wirklich gelöst ist das Problem damit nicht. Für den Moment ist Ruhe.

Später lese ich die Tageszeitung. Ein Pastorenkollege erklärt in seinem »Wort zum Sonntag« sehr fein die Geschichte des heiligen Nikolaus. Die historische Person, um deren Leben sich viele Legenden ranken, war um 300 nach Christus Bischof in Myra, einem Ort in der heutigen Türkei, nahe Antalya. Bischof Nikolaus hat so vielen Menschen Gutes getan, dass wir heute im Gedenken an ihn einander etwas Gutes tun, indem wir uns gegenseitig die Stiefel füllen.

»Siehst du, Savina, es gibt ihn, den Nikolaus.«

Ich rufe Savina zu mir und lese ihr den Artikel vor. »Siehst du, Savina, es gibt den Nikolaus, er hat wirklich gelebt.«

»Aber er ist schon gestorben?«, fragt sie traurig. »Ja, er ist schon gestorben. Aber er hat an Gott geglaubt und viel Gutes getan. Ich denke, er ist jetzt bei Gott.«

»Habe ich doch gewusst, dass es ihn gibt – im Himmel.« Savina kennt nun die Wahrheit. Sie dreht auf dem Absatz um und rennt ins Kinderzimmer. Dort klärt sie erstmal die großen Geschwister auf. Die Jüngste zu sein, ist manchmal richtig schön.

Ostdeutsch

»Was mir gar nicht gefallen hat …« Mein Gesprächs-
partner hatte mein Buch *Spielsucht – Mein Weg aus der
Abhängigkeit* gelesen. Bisher war er voll Lobes gewesen,
aber nun wollte er auch Kritik anbringen.

»Was mir gar nicht gefallen hat, ist, dass du im letzten
Kapitel schreibst, du lebst heute in ›Ostdeutschland‹.«

Ich war überrascht. »Warum gefällt dir das nicht? Das
stimmt doch, wir leben doch hier im Osten.«

»Aber wie das klingt – ›Ostdeutschland‹. Das ist doch
total abwertend! Es klingt nach ›Ostzone‹, so, als wenn
du uns Ossis nicht magst.«

»Das gibt's doch nicht! Ich hätte genauso Nord-
deutschland schreiben können oder Süddeutschland. Für
mich ist das nichts als eine Himmelsrichtung.«

»Aber für mich ist es eine Bewertung.«

Dieses Gespräch fand im Herbst 2008 statt. Seit März
1997 wohne ich in den sogenannten neuen Bundeslän-
dern. Erst in Sachsen, dann in Thüringen. Noch nie hatte
jemand mir gegenüber diese Befindlichkeit geäußert.
Klar, ich war auch schon als »Besserwessi« abgekanzelt
worden. Ich hatte auch schon gemerkt, dass ich manch-

mal Gefühle auslöse, die nichts, aber auch gar nichts mit dem zu tun haben, was ich beabsichtige oder meine.

Ich frage mich oft, was das für »Duftmarken« sind, die ich da ungewollt und unbewusst setze. Ich sage »Plastik« statt »Plaste« und »Overheadprojektor« statt »Polylux«, ich weiß. Das outet mich sofort als Wessi. Aber es tut keinem weh. Nun hatte ich jedoch einen Begriff verwendet, den mein Gegenüber als abwertend wahrgenommen hat.

»Es kommt darauf an, verstanden zu werden.«

Doch woher sollte ich das wissen, wenn es mir niemand sagt? Elf Jahre lang war mir nicht bewusst, dass die Bezeichnung »Ostdeutschland« auf manche verletzend wirkt. Und ich hatte davon ganz unbedarft in meinem Buch geschrieben ...

Auch in Glaubensdingen gibt es diese Befindlichkeiten. Christen fühlen sich manchmal abgelehnt, wenn ihre Mitmenschen sich nicht für dieselben Themen und Fragen zu interessieren scheinen. Dabei wissen sie vielleicht nur zu wenig? Und womöglich benutzen Christen die falschen Worte und Begriffe?

In der Bibel heißt es: *»Denn jeder, der den Namen des Herrn anruft, der wird von ihm gerettet.« Wie aber sollen die Menschen zu Gott beten, wenn sie nicht an ihn glauben? Wie sollen sie zum Glauben an ihn kommen, wenn sie nie von ihm gehört haben? Und wie können sie von ihm hören, wenn ihnen niemand Gottes Botschaft verkündet?* (Römer 10,13/14).

Letztlich kommt es darauf an, verstanden zu werden. In Nord-, Ost-, Süd- oder Westdeutschland. In Alltagsgesprächen und in Glaubensdingen. Das ist nicht einfach. Aber der Mühe wert.

Papa allein zu Haus

»Mama«, Florian strahlt Christine an und fährt sich mit den Händen durch seine ziemlich wuschelige Mähne. »Ich hab' mich in dieser Woche nur ein einziges Mal gekämmt!«

Papa ist entsetzt. »Was soll denn das heißen? Ich hab' dir doch gesagt, du sollst dich kämmen!«

»Ja«, grinst Florian verschmitzt, »hab' ich ja auch. Aber du hast es schließlich nur einmal gesagt.« Die ganze Runde am Frühstückstisch lacht lauthals.

Meine Frau hat ein Studium begonnen. Sie war während der vergangenen zwölf Jahre vor allem für unsere Kinder da, während ich beruflich viel unterwegs bin. Es war ihr Wunsch, Zeit für die Kinder zu haben. Doch nun ist die Jüngste fünf geworden, und Christine, Erzieherin von Beruf, suchte eine neue Herausforderung. Jetzt studiert sie Diakonik. Dafür muss sie achtmal im Jahr für jeweils eine Woche nach Elstal fahren, 250 Kilometer von Gera entfernt. Und für diese Zeit gilt: Papa allein zuhaus.

Das ist schon eine ziemliche Umstellung. Montagmorgen: Um 5.45 Uhr klingelt der Wecker, zu Fuß geht's zum Gemeindehaus (ca. 15 Minuten Fußweg). 6.30 Uhr

Gebetsfrühstück, 7.45 Uhr Rückmarsch, Brötchen kaufen, Kinder wecken (die haben gerade Ferien ...). Um 9.00 Uhr wieder ein Gemeindetermin, Kinder mitnehmen, beschäftigen, nach Hause bringen, kochen ... Als mittags das Geschirr verräumt ist, falle ich für 20 Minuten in einen komatösen Mittagsschlaf ...

Und weiter geht's: »Was gibt's zum Zvieri (Kaffeetrinken)?«

»Ich brauche noch ein Geburtstagsgeschenk!«

»Papa, wir müssen noch Millimeterpapier kaufen.«

»Anstrengend! Wie schafft Christine das nur immer?«

»Wann kaufen wir endlich die Eistorte für meine Feier?«

Vier Kinder, jedes will etwas, braucht etwas, hat noch nicht alles. Das Auto ist nicht da. Zu Fuß in die Stadt, zu Fuß ins Büro, zu Fuß den Berg hoch zu unserem Haus. Fitness pur. Wie schafft Christine das nur immer?

Mittwoch: Staubmäuse wehen durch die Wohnung. Wo kommen die denn her? Ach ja, ich wollte ja noch Staubsaugen ...

Donnerstag: Unsere Blumen werden so komisch. Sie lassen die Blätter hängen, verfärben sich gelb. Herbst in der Wohnung? Ach ja, hab' das Gießen ganz vergessen ...

Und dann ist er endlich da, der große Tag – der langersehnte Freitagabend: Mama ist wieder da. Ich liebe sie, sie ist die Frau meines Lebens! Nach einer Woche von dieser Sorte kann ich sagen: Ich bin noch stolzer darauf, was sie so alles managt. Familienfrau ist ein toller Job – und ganz schön anstrengend ...

Pusteblume

Die Sonne strahlt. Die Leichtigkeit des Seins – Savina spaziert durch unseren Garten und entdeckt begeistert eine Pusteblume. Schwupps, ist sie gepflückt und kräftig angeblasen. Die kleinen Propeller schweben durch den Garten, der warme Wind trägt sie bis in den letzten Winkel. Savina stürzt lachend und johlend hinterher und versucht sie wieder einzufangen.

Unkraut. Lästiges, unnötiges, widerspenstiges Unkraut! In unserem ganzen Garten verteilt. Nun wird sehr wahrscheinlich an genau diesen Stellen im nächsten Frühjahr Löwenzahn wachsen. Und wer darf es auszupfen, bitte schön? Wo wir doch sowieso wenig Zeit haben und uns genug Mühe geben mit der Pflege des Rasens und der Beete. Und wo das Unkraut auch jetzt schon immer wieder die Oberhand gewinnt. Mist! Ich bin sauer.

Ein und derselbe Ort. Ein und dieselbe Situation. Ein und derselbe Moment. Ein und dieselbe Pflanze. Und doch so ein himmelweiter Unterschied! Wie verschieden erleben wir diesen Moment. Savina gluckst vor Freude und hüpft durch den Garten. Und ich ärgere mich und grummele vor mich hin.

Wie oft steht mir mein Perfektionismus im Weg. Meine Vorstellung davon, wie alles seine Ordnung zu haben hat. Und anstatt den Moment zu genießen, male ich mir schon die möglichen unangenehmen Folgen aus. Doch mit meinem Ärger mache ich mir nur selbst das Leben schwer. Und damit nicht genug: Mit meinen Bedenken oder meinem Schimpfen zerstöre ich auch noch die Begeisterung anderer.

»Also, Savina, puste fleißig weiter!«

»Wenn ich an ihren Gott glauben sollte, dann müssten die Christen erlöster aussehen«, soll Friedrich Nietzsche einmal gesagt haben. Recht hat er. Schließlich hat der Glaube etwas mit Freude zu tun. Mit Vertrauen. Und mit Zuversicht. Wer Gott findet, in dessen Leben ist nicht auf einen Schlag alles in Ordnung. Aber wer um die Güte Gottes weiß, kann Leichtigkeit entwickeln.

Das Leben ist schwer genug. Deshalb will ich mich von kindlicher Begeisterung immer wieder anstecken lassen. Ich will lernen, den Moment zu genießen. Gutes und Schönes dankbar zu entdecken und gerade dadurch das Schwere leichter zu nehmen.

Also, Savina, puste fleißig weiter!

Schach auf dem Müllberg

Sie sitzt auf einem Berg aus Müll. Eine Frau von etwa 50 Jahren. Die Haare unter einem Kopftuch verborgen, den Leib in mehrere fleckige Pullover gehüllt, die sie übereinander trägt. Die stämmigen Beine, in dicke Verbände gewickelt, lugen unter einem verfilzten Wollrock hervor. »Rattenbisse«, flüstert meine Begleiterin mir zu und zeigt auf die Binden.

Zweimal in der Woche besucht ein Team der Heilsarmee die Menschen hier auf dem Müllberg. Heute darf ich sie begleiten. Ich bin zu einer Weiterbildung für Sozialarbeiter in der litauischen Hafenstadt Klaipėda – das Thema: Christliches Menschenbild.

Vor den Toren der Stadt türmt sich dieser Berg auf. Provisorisch wirkende Blechhütten sind drum herum errichtet. Mehrere Dutzend Menschen leben hier. Nicht in Kolkata, Indien, sondern in Klaipėda, Litauen, seit 2004 Mitglied der Europäischen Union. Sie ernähren sich von Abfällen und leben von den Erlösen für die Wertstoffe, die sie mit großen Plastikbeuteln sammeln. Mächtige Mülllaster kippen ihren stinkenden Inhalt hier ab, Planierraupen schieben ihn zusammen. Die Müllbergbewohner stürzen herbei und sammeln innerhalb weniger Minuten alles Verwertbare aus dem Unrat heraus. Mitunter gerät einer unter die Raupenkette.

Vor der Frau steht ein Hocker. Darauf liegt ein Schachbrett. Ihr gegenüber sitzt ein alter Mann. Meine Begleiterin, die Leiterin der Heilsarmeestation in Klaipėda, begrüßt sie herzlich. Sie stellt mich vor. Mit Hilfe ihrer Übersetzung ergibt sich ein kurzes Gespräch mit der Schachspielerin. Sie fragt nach Deutschland, wir reden ein bisschen übers Schachspiel.

»Sie spielt Schach und ist stolz auf ihre Arbeit.«

Nach einer Weile fasse ich Mut und frage sie, wie sie eigentlich hier auf dem Müllberg leben könne. Ich bin von den Umständen zutiefst schockiert. Doch mein Gegenüber strahlt mich voller Stolz an und entblößt lächelnd ihre schwarzen Zahnstummel. »Ist es nicht schön, dass ich von der Arbeit meiner Hände leben kann? Viele Menschen brauchen Unterstützung vom Staat, aber wir hier auf dem Berg, wir können für uns selber sorgen.«

Unglaublich. Ich rieche den Gestank. Ich sehe den Dreck, die Rattenbisse, die Blechbuden. Und sie? Diese Frau ist stolz auf ihre Arbeit, auf ihre Selbständigkeit und Unabhängigkeit. Sie spielt Schach und versorgt sich selbst. Ich halte hier gerade ein theoretisches Seminar über das »Christliche Menschenbild«. Doch sie lehrt mich ganz praktisch etwas Wesentliches über den Menschen: Die Würde des Menschen, geschaffen zu Gottes Ebenbild, ist auch durch eine Müllhalde nicht antastbar.

Prinzessinnenalter

Es kann gar nicht rosa genug sein. Rosa Kleidchen, rosa Socken, rosa Jacke. Dazu etwas Spitze, ein wenig Tüll und Lackschuhe, durchaus mit lila und orange kombiniert (aber das sind die einzig möglichen Varianten ...), und die beiden kleinen Damen schweben durchs Haus. Zum Geburtstag bringen die Gäste Lillifee-Tassen und sonstige passende Accessoires als Geschenke mit. Am Zeitungsstand im Lebensmittelladen wird das Taschengeld von Omas Besuch – sie tragen es im hellblau-rosafarbenen Portemonnaie mit sich – in eine Prinzessinnen-Zeitschrift investiert, zu der es auch eine kleine Plastikkrone dazu gibt. Klämmerchen und Zopfgummis werden aufwendig mit Bürsten und Kämmen in die Haare eingearbeitet.

Für die beiden gibt es lediglich eine einzige Steigerung zu diesem Aufzug – wenn sie den Schleier nehmen, den Mama seit unserer Hochzeit aufbewahrt, und sich als Braut verkleiden.

Wenn jetzt der Papa heimkommt und von seinen wunderschönen Mädchen schwärmt, na, dann sind Savina (fünf) und Talitha (sieben) natürlich völlig aus dem Häuschen.

Prinzessinnenalter. Eine wunderbar verspielte, eine traumhafte Lebensphase. Eine wichtige Zeit im Leben. Wieviel Selbstvertrauen können wir tanken, wenn wir uns in diesem Alter als wertvoll, als schön erleben! Wieviel Mut macht es, wenn unsere Eltern stolz auf uns sind. Wenn sie uns wahrnehmen, uns ermutigen und anerkennen.

Und wieviel Schaden kann eine zarte Kinderseele nehmen, wenn sie ignoriert wird, links liegen gelassen oder sogar beschimpft und beleidigt.

»Wir sind Kinder des Königs aller Könige.« Gott sieht uns. Und er macht uns groß. In Gottes Augen sind wir schön. Wir sind dazu geschaffen und berufen, Prinzen und Prinzessinnen zu sein. Wir sind Kinder des Königs aller Könige. Immer wieder gebraucht die Bibel dieses Bild von den Königskindern. Und das andere Bild, das sogar noch ein bisschen schöner ist als die Prinzessin: Gott nennt sich selbst den Bräutigam. Und seine Gemeinde, die Menschen, die er liebt und die ihn lieben, die nennt er seine Braut. Geschmückt ist sie, schön gemacht für ihn.

So lesen wir etwa in Offenbarung 21,2: *Ich sah, wie die Stadt Gottes, das neue Jerusalem, von Gott aus dem Himmel herabkam: festlich geschmückt wie eine Braut an ihrem Hochzeitstag.* Das »neue Jerusalem«, das ist für Juden und Christen der Ort der Erlösung, der Ort des ewigen Heils. Dort, wo die Königskinder leben.

Die Wertschätzung Gottes für seine Kinder gilt. Auch dann noch, wenn wir längst eine andere Lieblingsfarbe haben ...

Dass Dornen
Rosen tragen

Eine Arbeitssitzung verschiedener Pastoren, die Atmosphäre ist konstruktiv. Bis einer sein Unbehagen äußert. Und schon sind wir mittendrin. Es geht um Konkurrenz (und um Neid, aber das sagt natürlich keiner). Und darum, ob eine Kirche der anderen ihre Mitglieder abspenstig macht. Eine leidige, regelmäßig geführte Diskussion.

Ich kann mich daran leidenschaftlich beteiligen. Einer anderen Kirche die Leute abzuwerben, finde ich unredlich. Aber mündigen Menschen nicht zu gestatten, ihre Gemeinde zu wechseln, finde ich unwürdig.

Ist es nicht das Wichtigste, gemeinsam Jesus nachzufolgen, egal zu welcher konfessionellen Abteilung man nun gehört? Ist die Vielfalt der Kirchen und damit die kulturelle und theologische Wahlmöglichkeit nicht sogar ein besonderer Schatz der Christenheit? Und ist sie nicht durchaus erstrebenswert, die viel zitierte »Einheit in Vielfalt«?

Doch irgendwie habe ich heute keine Lust auf diese Diskussion. Wir kommen ohnehin nicht auf einen gemeinsamen Nenner. Meine Gedanken gehen spazieren, mein Blick schweift ab. Und bleibt an einem Poster an der

Wand hängen: »Ärgere dich nicht darüber, dass der Rosenstrauch Dornen trägt, sondern freue dich darüber, dass der Dornenstrauch Rosen trägt.«

Das springt mich an. Es spricht direkt zu mir. Ich ärgere mich gerade darüber, dass wir uns streiten – und habe dabei ganz vergessen, dass wir trotz dieser Meinungsverschiedenheiten immerhin an einem Tisch sitzen. Ich mag nicht schon wieder über genau dieses Thema sprechen – und sehe dabei nicht, wie viel Gerede »hinten herum« sich durch ein offenes Gespräch erübrigt.

»Dankbar, dass wir nur über Kleinigkeiten streiten.«

Die Einheit der Christen. Das ist für mich eine Rosenblüte, die wunderbaren Duft verströmt. Jesus hat dafür gebetet, dass die Jünger eins sein sollen – damit die Welt ihn und den Vater erkennen kann (Johannes 17). Der Duft der Einheit wirkt anziehend und einladend.

Dass es in Deutschland eine Evangelische Allianz gibt und eine Arbeitsgemeinschaft Christlicher Kirchen, ist eine solche Blüte. Wenn man auf die Geschichte der Christen zurückschaut, gab es auch ganz andere Zeiten. Dornige Zeiten im buchstäblichen Sinn – es floss Blut!

Wie dankbar bin ich also, dass wir uns nur über solche Kleinigkeiten streiten und doch an einem Tisch sitzen. Manchmal hilft schon ein Poster an der Wand.

Schon wieder
etwas Neues?

»Weißt du, Uwe«, eröffnet mir eine Frau aus unserer Gemeinde, »du hast immer so viele neue Ideen. Und das ist ja auch gut. Aber wer soll das alles verkraften?« Sie holt tief Luft. »Seit der Wende ist alles neu. In der Stadt wird alles neu. Irgendetwas muss doch auch bestehen bleiben!«

Ich kann sie verstehen. Wir brauchen Dinge, auf die wir uns verlassen können. Zu viele und zu schnelle Veränderungen überfordern unsere Seele. Traditionen und Rituale, gute Gewohnheiten geben uns Sicherheit.

Und doch: Von Gewohnheit allein können wir nicht leben. Wir brauchen die Herausforderung, den Aufbruch, die Erneuerung, denn sie gehören genauso zum Leben dazu.

Der katholische Religionsphilosoph und Theologe Romano Guardini (1885–1968) hat das in seinem Buch *Die Lebensalter* beschrieben: »Der Mensch charakterisiert sich immer neu. Seine körperlich-seelischen Zustände wechseln beständig ... An sich stellt jeder Lebensabschnitt etwas Neues dar. So zum Beispiel eine Phase des Tages: Der Morgen, der Mittag oder Abend; oder eine Tag-Nacht-Einheit gegenüber der vorausgehenden; ein ganzer Jahreslauf verglichen mit dem vergangenen, und sei es auch nur in dem Sinn, dass der betreffende Lebensabschnitt einzig ist, weil er ja nicht mehr wiederkehrt ... Darin, dass jeder neu ist, noch nicht da war, einzig ist und für immer vergeht, liegt ja auch die Spannung des Daseins; der innerste Anreiz, es zu leben. Sobald er nicht mehr empfunden wird, entsteht ein Gefühl der Monotonie, das sich bis zur Verzweiflung steigern kann.«

»Das Leben: ein Geschenk, das es auszupacken gilt.«

Jeder Lebensabschnitt ist einzigartig und ein Geschenk, das es neu auszupacken gilt. Gerade weil wir an Erfahrung zunehmen, sollte das Neue uns immer weniger verunsichern. Wie tragisch wird ein Leben, wenn keine Veränderung mehr möglich ist, wenn das Interesse, die Neugier erstirbt. Wie reich hingegen ist der Mensch, der die neuen Möglichkeiten in jedem Lebensabschnitt entdeckt.

Eine solche Einstellung ist nicht vom Alter abhängig. Ich muss an meinen Vater denken, der dieses Jahr 71 geworden ist. »Weißt du eigentlich«, sagte er neulich und strahlte seine Enkelkinder an, »wie sehr ich es genieße, Opa zu sein?«

Sinnlos, oder was?

Als wir vor einigen Jahren von Basel nach Leipzig zogen, begegnete mir dort auf Schritt und Tritt das Wort »sinnlos«. Mit sächsischem Zungenschlag ausgesprochen, charmant und weich klingend, war es *das* Wort schlechthin, das die Jugendsprache auszuzeichnen schien. Es tauchte in jedem zweiten Satz auf. In meiner eigenen Jugendzeit (Anno Tobak ...) war alles, was gut, besonders oder sonst irgendwie beeindruckend war, für uns einfach »geil«. Immerhin, ein positiver Begriff, der Farbe, Lust und Lebensfreude zum Ausdruck bringt.

Doch »sinnlos« als Modewort hat mich, gelinde gesagt, schockiert.

Tragisch, wenn eine Generation »sinnlos« zu ihrem Schlagwort erhebt.

So soll es nicht sein. So war das nicht gedacht. Der Jugend gehört doch die Zukunft! Und mehr noch: Der Jugend gehört auch die Gegenwart! Eigentlich müsste doch das Lebensgefühl von Jugendlichen sein: *Siehe, jetzt ist die angenehme Zeit; siehe, jetzt ist der Tag des Heils!* Die Vergangenheit ist wichtig – aber vorbei. Die Zukunft ist wesentlich – aber noch nicht da. Die Gegenwart zählt. Heute, und nur heute kann ich etwas tun. In der Bibel steht das übrigens (2. Korinther 6,2; Schlachter-Übersetzung).

Im Talmud, dem großen jüdischen Weisheitsbuch, heißt es: »Wenn nicht ich, wer sonst; wenn nicht jetzt, wann dann?« Jugend heißt, genau das zu spüren. Vitalität, Engagement, Kreativität, Freude am Gestalten, Ärger über Ungerechtigkeit.

Jung sein heißt Energie haben, Ideen haben, mit Freunden zusammen sein. Wer das verschenkt, weil er alles sinnlos findet, der verschenkt sein Leben.

Sommerzeit

Nun wird sie also wieder zurückgestellt, die Zeit. Oder wird sie vorgestellt? Nein, zurück, zurück ist richtig. Sommerzeit. Ach, es ist ein Jammer, jedes Jahr komme ich mit diesen Zeiten durcheinander!

Einmal kamen wir an so einem Sonntag überpünktlich zum Gottesdienst, und das ist mit kleinen Kindern schwer genug. Doch die Garderobe hing bereits voll. Der Raum war längst gut gefüllt. Und vorne stand der Pastor und sagte in diesem Moment: »Und nun erheben wir uns zum Segen ...« Wir hatten vergessen, die Uhren umzustellen ...

Als ich ein paar Jahre später – inzwischen selbst Pastor – am Frühstückstisch meine Nervosität äußerte, womöglich etwas mit der Zeitumstellung falsch zu machen, meinte meine älteste Tochter ungerührt: »Aber das macht doch nichts, Papa, du bist doch der Pastor, ohne dich fangen die eh nicht an!«

Es fällt uns schwer, einfach »umzuschalten«, von einer Zeit auf die andere. Und das gilt nicht nur für unsere Uhr. Die veränderten Tageszeiten, der neue Rhythmus von Licht und Schatten. Das alles muss der Körper erst einmal verkraften.

Wir sind darauf eingestellt, dass alles »seine Zeit« hat. Das ist eine alte Erkenntnis. Schon Salomo berichtet davon:

Jedes Ereignis, alles auf der Welt hat seine Zeit: Geboren-werden und Sterben, Pflanzen und Ausreißen ... Weinen und Lachen, Klagen und Tanzen ... Für alles auf der Welt hat Gott schon vorher die rechte Zeit bestimmt. In das Herz des Menschen hat er den Wunsch gelegt, nach dem zu fragen, was ewig ist (aus Prediger 3).

»Gelegenheit zur Besinnung auf Wesentliches.«

Ich wünsche ihnen einen guten Wechsel von einer Zeit auf die andere. Und möge die Unterbrechung des Gewohnten eine Gelegenheit zum Innehalten werden und eine Zeit der Besinnung auf Wesentliches sein.

Mal zu spät zum Gottesdienst zu kommen, ist peinlich, aber nicht wichtig. Seine Zeit in Gottes Händen zu wissen – das ist wirklich wichtig.

Theoretisch glauben?

Neulich habe ich meine Fünfjährige vom Kindergarten abgeholt.

Savina unterhielt sich mit ihrer Erzieherin auf Schwyzerdütsch (meine Frau ist Schweizerin). Das beschränkte sich allerdings auf das Wort »Chuchichäschtli« – Küchenschrank. Die Erzieherin fragte freundlich, ob sie denn noch mehr Worte könne. Savina verneinte. »Was heißt denn zum Beispiel Milch auf Schweizerdeutsch?« Savina wusste es nicht. »Was sagt denn dein Großvater aus der Schweiz, wenn er dich bittet: Savina, hol doch mal bitte eine Milch aus dem Kühlschrank?« Savina legte den Kopf schief und antwortete: »Das sagt der nicht – die Milch holt er sich selber.«

So sind sie, die Kinder. Nie um eine Ausrede verlegen, die kleinen Schlitzohren. Aber halt – war das vielleicht gar keine Ausrede? Sondern womöglich ganz einfach Savinas Art, zu denken? Kindlich und konkret, schlicht und einfach: Was soll ich mir etwas vorstellen, das es gar nicht wirklich gibt?

Wir erwachsenen Westeuropäer denken gerne theoretisch. Der durch die griechische Philosophie geprägte Intellekt des Abendländers neigt zum Abstrakten. Was wäre, wenn ...? Oder: Könnte es nicht sein, dass ...? Dadurch haben wir es zu erstaunlichen Leistungen in der Logik und Mathematik, der Technik und der Philosophie gebracht.

Aber nicht immer hilft dieses Denken weiter. Manche Themen sind für eine abstrakte Antwort zu konkret. Wenn ich jemanden frage: »Glaubst du an Gott?« Dann sagt er möglicherweise: »Ja, ich glaube an Gott. Aber nicht an die Kirche. Und komm mir bitte nicht mit der Bibel. Aber an Gott glaube ich natürlich.« Wird das wirklich dem Gegenstand der Frage gerecht?

»Glauben heißt, Gott zu vertrauen, mit ihm zu leben.«

Ganz anders wäre die Antwort, würde ich meine Frage einem hebräisch denkenden Juden stellen. »Glaubst du an Gott?« »Ich gehe in die Synagoge, ich studiere die Thora, ich bete jeden Tag.« »Ist ja schön, dass du das alles tust, aber glaubst du an Gott?« Verwirrt würde er mich ansehen: »Ich habe doch gesagt, dass ich glaube!«

Dieses Denken ist konkret: Glaube, der sich nicht äußert, ist kein Glaube. Was nützt eine theoretische Beziehung zu Gott? Albert Schweitzer hat einmal gesagt: »Liebe ist konkret.« Nur wenn sie Gestalt annimmt, ist sie wirklich Liebe. Ebenso der Glaube. Glauben heißt, Gott zu vertrauen, mit ihm zu leben. Täglich. Sonst ist der Glaube wertlos.

Jesus hat einmal gesagt, wir sollen werden wie die Kinder. Ob er das gemeint hat: Eine theoretische Milch kann ich nicht trinken. Einen theoretischen Glauben kann ich nicht leben.

Sonnenblumenvögel

23. September. Spätsommer? Nein, Frühherbst in diesem Jahr. Es regnet. Die Blumen und Büsche im Garten lassen ihre Blätter hängen. Der Rasen schimmert in modrigem Gelb.

Die Temperaturen sind abgestürzt, binnen weniger Tage von über 20 auf unter zehn Grad. Zum Glück hat der Klempner schon am übernächsten Tag einen freien Termin. Wieder einmal springt die Heizung nicht ohne eine preisintensive 260-Euro-Reparatur an ...

Mit einer Tasse dampfend heißem Kaffee stehe ich am Küchenfenster und schaue in den Garten. Meine Stimmung ist gedrückt.

Plötzlich ändert sich das Bild. Leben zieht in den Garten ein. Drei Blaumeisen umkreisen die braunen Köpfe unserer Sonnenblumen. Mit ihren geschickten Schnäbeln picken sie im Flug die Kerne aus der Blume. Zwischendurch vollführen sie Pirouetten und andere Flugeinlagen in der Luft. Es sieht aus, als neckten sie sich.

Denen geht's gut, denke ich. Die schauen nicht aufs Wetter, die genießen die Erntezeit. In deren Augen werden unsere verblühten Sonnenblumen das ganze Jahr nicht so schön ausgesehen haben wie jetzt.

Mir fällt der Vers aus der Bergpredigt ein, in dem Jesus uns Menschen auffordert, die Vögel nicht nur genau anzusehen, sondern sie uns sogar zum Vorbild zu nehmen: *»Seht euch die Vögel an! Sie säen nichts, sie ernten nichts und sammeln auch keine Vorräte. Euer Vater im Himmel versorgt sie. Meint ihr nicht, dass ihr ihm viel wichtiger seid?«* (Matthäus 6,26).

Ja, das spricht mich an. Ich will mich anstecken lassen von der Unbekümmertheit, der spielerischen Leichtigkeit der Vögel. Ich will Nahrung suchen.

»Anstecken lassen von der Leichtigkeit der Vögel.«

Für meinen Körper, und nippe an meinem Kaffee. Für meine Seele, und danke meinem Herrn, dass er mir diese kleine Szene im Garten geschenkt hat, um mich an seine Güte zu erinnern.

Noch habe ich einen Moment Zeit vor der Arbeit. Es reicht, um mich noch mal aufs Sofa zu setzen, meine Bibel aufzuschlagen und den Vers im Zusammenhang zu lesen.

Jesus sagt: »Darum sage ich euch: Macht euch keine Sorgen um euren Lebensunterhalt, um Essen, Trinken und Kleidung. Leben bedeutet mehr als Essen und Trinken, und der Mensch ist wichtiger als seine Kleidung. Seht euch die Vögel an! Sie säen nichts, sie ernten nichts und sammeln auch keine Vorräte. Euer Vater im Himmel versorgt sie. Meint ihr nicht, dass ihr ihm viel wichtiger seid?«

Danke, kann ich da nur sagen.

Strelasund

Wir machen Urlaub an der Ostsee. Na ja, fast. Am Greifs-
walder Bodden in Mecklenburg-Vorpommern, um genau
zu sein. Da, wo das Festland und die Insel Rügen sich in
Sichtweite befinden, nur durch einen schmalen Meeres-
arm der Ostsee getrennt, den Strelasund.

Ob Strelasund oder, weiter westlich, Fehmarnsund, es
ist immer das gleiche: Ein Sund trennt zwei Landstreifen
voneinander. Bei einer Insel hat diese Trennung einen
gewissen Charme, sonst wäre sie ja keine Insel. Aber das
ist die Ausnahme.

Die meisten Sunde, also Trennungen, sind weniger
charmant. Sie tun richtig weh: die Trennung zwischen
Paaren, deren Ehe zerbricht, zwischen Familien, bei
denen Streit um die Kinder entbrennt. Oder die Entfremdung zwischen alten und jungen Menschen.

Und dann ist da noch die tragische Trennung zwischen
Mensch und Gott. Wer kann Gott sehen? Hören? Riechen?
Schmecken? Fühlen? Wir können Gott mit unseren fünf
Sinnen nicht erfassen. Zwischen Mensch und Gott, zwi-
schen Gott und Mensch liegt ein Sund. Das altdeutsche
Wort für diesen Zustand heißt »Sünde«: Die Sünde liegt
zwischen Gott und Mensch. Sünde, das ist nicht zuerst

ein moralischer Begriff, ist nicht das Böse, das wir tun. Sünde, das ist ein Graben, das ist – so der Wortstamm – der Sund zwischen Gott und Mensch. Entfremdung. Böse Taten sind die Folge dieser Trennung.

Was kann man dagegen tun? Ist die Entfremdung zwischen Gott und Mensch ein Naturgesetz, nicht zu ändern? Oder lässt Gott sich finden? Über Sunde baut man Brücken. Die neue Rügenbrücke – prachtvoll. Die Fehmarnsundbrücke – beachtlich. Und so hat auch Gott eine Brücke gebaut über unsere Sünde hinweg.

> »Gott hat eine Brücke gebaut über unsere Sünde hinweg.«

Gott wurde Mensch. In Jesus Christus ist Gott selbst in die Welt gekommen. Wer das Leben von Jesus Christus studiert, wer sein Sterben begreift, wer die Hoffnung versteht, die in seiner Auferstehung liegt, der erkennt: Gott hat eine Brücke geschlagen vom Himmel zur Erde, zur Vergebung der Sünde. In Jesus Christus wird Gott erfahrbar, erkennbar, berührbar: *»Ich bin der Weg, ich bin die Wahrheit, und ich bin das Leben! Ohne mich kann niemand zum Vater kommen«* (Johannes 14,6).

Wer nach Rügen will, muss über den trennenden Strelasund – die Rügenbrücke macht das möglich. Wer zu Gott will, der muss über die trennende Sünde hinweg – Jesus Christus ist der Weg dazu.

Tohuwabohu in Korinth

Wer kennt das nicht: Es gibt so Zeiten, da geht alles durcheinander. Auf der Arbeit will jeder irgendetwas und keiner ist so recht zufrieden. Die Freunde zicken alle irgendwie herum, keiner da, wenn man mal einen braucht. Und zu allem Überfluss dreht gerade jetzt auch noch meine Gemeinde am Rad ...

Sie kennen das nicht? Na dann: Halleluja! Seien sie froh, dankbar und machen Sie was draus! Vielleicht wartet gerade ein Freund in einer schwierigen Phase auf etwas Zeit und eine Tasse Tee und ein gutes Wort. Um so besser, wenn da doch noch einer ist, auf den man bauen kann.

Wer nun aber in einer solchen Lebensphase ist, in der es ihm nicht gut geht, wer mittendrin steckt in einem solchen Tohuwabohu, mit dem möchte ich drei gute Nachrichten teilen. Ich habe nämlich neulich – als bei mir gerade mal wieder einiges durcheinander lief – den ersten Korintherbrief zur Hand genommen, und da ist mir dreierlei aufgefallen, was ich wirklich hilfreich fand.

Erstens: Ich bin nicht alleine! Ja, ich bin nicht einmal der erste, dem es so geht mit dem ganzen Durcheinander. In der Gemeinde in Korinth gab es so ziemlich gar kein Problem, an dem sie nicht auch gelitten hätten. Paulus spricht von theologischen Streitereien, von unverhohlener Eifersucht, er kritisiert das Benehmen beim Abendmahl: Da fressen die einen sich voll, die anderen sind betrunken. Unhaltbare Zustände herrschten in dieser Gemeinde. Und das rund 50 Jahre nach Christus. Die waren noch richtig nah dran. Und hatten die gleichen Probleme wie wir heute ...

»Gott schreibt Geschichte mit normalen Typen.«

Zweitens: Bei Gott führt der Weg oft vom Chaos zum Kosmos. Schon bei der Schöpfung war es so – Gott ordnete das Tohuwabohu und machte eine Lebenswelt daraus. Die Himmelskörper, die Natur, die Pflanzen, die Tiere und schließlich der Mensch erhielten ihren gut geordneten Platz. Auch in dieser Welt ging zwar noch manches schief, aber immerhin haben wir sie als »Paradies« in Erinnerung. Gott kann das Chaos ordnen.

Drittens: Liebe ist das Größte. Der 1. Korintherbrief ist nicht graue Theorie, sondern für echte Menschen in echten Krisen gibt er echte Antworten, konkrete Lebenshilfe. Gott schreibt seine Geschichte nicht mit perfekten Menschen. Es sind normale Typen, mit all ihren Schwächen. Und zusammenfassend schreibt er uns ins Stammbuch: *Was bleibt, sind Glaube, Hoffnung und Liebe. Die Liebe aber ist das Größte.*

Unfair

Es war eine unglaublich anstrengende Zeit. Meine zwei Teilzeit-Arbeitsstellen, beide verantwortungsvoll, forderten jeweils ganzen Einsatz. Und dann war da noch unser Baby. Das vierte Kind. Ein Wunschkind, ein tolles Baby – doch: Die Nächte waren kurz, die Kräfte im Keller.

Meine Nerven lagen blank. Viele Situationen gingen über meine Kraft. Nach außen hin musste ich funktionieren und stark sein. Der Frust suchte sich ein Ventil: die Kinder. Ich war wegen Kleinigkeiten ungehalten und rüde. Gelegentlich rutschte mir die Hand aus. Nicht brutal, aber unnötig und immer öfter bekam vor allem Florian eine auf die Finger.

Meine Kinder waren verunsichert, das spürte ich. Wie sollten sie die Launen ihres Vaters einschätzen? Wann würde er vielleicht wieder explodieren? Das reizte mich wiederum noch mehr.

Denn genau so wollte ich natürlich nie sein. So war doch mein eigener Vater gewesen. Meine Eltern ließen sich scheiden, noch bevor ich in die Schule kam. Ich erinnere mich an wenig. Aber das Gefühl aus dieser Zeit spüre ich noch genau. Der Vater war Alkoholiker. Nie wussten wir Kinder, ob er gut oder schlecht gelaunt nach Hause kam. Nie wussten wir, ob die Stimmung nicht kippte und sein Zorn eskalierte. Ein tiefes Gefühl der Verunsicherung hat sich eingenistet.

Und nun also das: Papa Uwe Heimowski, leidenschaftlicher Vater, Christ, Pastor, Pädagoge – tut seinen Kindern das gleiche an.

Und dann kam der Knall. Ich kam nach Hause, Florian wollte irgendetwas von mir, ich reagierte unwirsch. Plötzlich haute mich mein Sohn. Er solle das lassen, sagte ich deutlich. Doch er schlug mich noch mal. Nun schlug ich zurück. Da platzte es aus ihm heraus: »Das ist gemein: Immer haust du mich!« Er trommelte auf mich ein. Doch nicht seine Schläge, sondern seine Worte waren es, die mich trafen: »Immer haust du mich!«

»Das ist gemein: Immer haust du mich!«

Das haute mich um. Mitten im Hausflur legte ich mich auf den Fußboden. Meinen Florian drückte ich an mich, und wir beide fingen an, zu heulen. Einige Minuten lagen wir dort, eng umschlungen und in Tränen aufgelöst.

»Vergib mir bitte, das war nicht richtig«, stammelte ich. »Es stimmt, Florian, du hast recht: Der Papa darf dich auch nicht hauen. Es tut mir so leid.«

Irgendwann entspannte sich Florian und schmiegte sich an mich. Wir blieben bestimmt eine Viertelstunde am Boden liegen, bevor wir aufstanden und zu den anderen gingen.

Das liegt nun über fünf Jahre zurück. Florian hat mich seitdem nicht wieder geschlagen. Aber wie recht hat er gehabt: Es war gemein von mir, unfair. Kinder dürfen es nicht ausbaden müssen, wenn wir Erwachsenen nicht mit

uns selbst klarkommen. Und doch, wie schnell geht das:
Ich tue genau das, was ich nie wollte.

Ich gab eine der beiden Stellen auf. Es war zuviel gewesen. Und weil *es* zuviel war, waren plötzlich *sie* zuviel: die Kinder.

Das darf nicht sein. Kinder haben ein Recht auf Liebe.
Wie froh bin ich, dass Florian sich gewehrt hat! Und dass
er mir vergeben hat.

Du springst

An der Hand
Auf der Mauer
Zweieinhalb mal höher
Als du
Ein kurzer Blick
Ein Jauchzen
Ein Sprung
In meine Arme
Die dich fest umschließen
Geborgenheit
Glaube
Glücklich

Pause

Pause

Uff, war das eine anstrengende Woche! Einige längere Autofahrten über mehrere Stunden. Seminare, Predigten, viel Schriftkram (E-Mails, Manuskripte), Bauabsprachen und dann noch kurzfristig eine Beerdigung. Eins folgte ohne große Unterbrechung aufs Nächste.

Heute stehen acht Stunden Unterricht an der Berufsakademie Gera auf dem Programm: Sozialethik. 35 Studierende, höchste Konzentration. Zwischendrein lege ich eine Einheit Einzelarbeit; die Studierenden sind eine dreiviertel Stunde selbst beschäftigt. Ich wollte in der Zeit einige Klausuren korrigieren, aber nun ist die Luft raus. Stattdessen nutze ich die Pause und gehe etwas spazieren.

An der Straße gegenüber ist ein Verkaufsstand aufgebaut: »Gustav's Anno Dazumal«. Landbrot, Bauernwurst und frisch gebackenen Hefekuchen hat die freundliche Verkäuferin im Angebot. Eigentlich ist es noch nicht ganz Mittagszeit, aber ich kann diesem verlockenden Duft nicht widerstehen und kaufe mir ein paar Sachen. Ein Sauerteigbrot, zwei Pfefferbeißer und ein Stückchen Zwetschgenkuchen wandern in den Beutel. Auf einem Umweg gehe ich zurück, finde etwas abseits ein ruhiges

Plätzchen an einem kleinen Bach, lasse meine Füße baumeln und packe meine Einkäufe aus.

Langsam kaue ich das frische Brot und genieße seinen Geschmack; es ist, als würden sich mit dem Gaumen all meine Sinne schärfen. Die Motorengeräusche der Bundesstraße werden leiser, das Vogelgezwitscher tritt in den Vordergrund. In das Plätschern des Baches hinein nehme ich ein leises Summen wahr. Eine Biene summt heran, setzt sich auf den Brotlaib, knabbert daran, fliegt weiter.

»... als würden sich all meine Sinne schärfen.«

Schlingernd zieht sie ihre Bahn. Ein frisches Buchenblatt kommt trudelnd auf dem Bach geschwommen, stößt an einen Stein, dreht sich um sich selbst, treibt weiter. Eine Maus raschelt durch das Unterholz.

Nach einer Viertelstunde habe ich mein Brot gegessen. Es geht zurück zum Unterricht. Mit neuem Schwung.

Wenn Jesus von sich sagt: »Ich bin das Brot des Lebens«, ob er dann auch diese Erfahrung meint? Sich aus dem Alltagsgetriebe herausnehmen, sich stärken, schmecken, wahrnehmen, genießen? Es braucht auf jeden Fall auch in meinem geistlichen Leben diese Oasen der Ruhe. Zeiten des Gebets, der Meditation, des Hörens auf Gott. »Stille Zeit« nennen es manche, »Auszeit« sagen andere. Man kann es auch schlicht »Pause« nennen.

Meine Erfahrung ist, dass ich aus einer solchen Zeit mit Jesus dann nicht nur mit neuer Kraft, sondern mit geschärften Sinnen hervorgehe. Wenn ich ihn suche, entdecke ich auch einiges über mich selbst und werde offen und sensibel für andere.

Und so lässt sich auch manche anstrengende Woche ganz gut schaffen.

Verdoppelt

Eine E-Mail am Montag. Freunde beschrieben ein Projekt in Kenia. Sofort sagte meine innere Stimme: »Daran musst du dich beteiligen.« Sogar eine konkrete Summe nannte sie, diese Stimme: 100 Euro sollte ich geben. Das ist eigentlich gar nicht so viel. Schon ein Sümmchen, das man nicht einfach übrig hat (wir jedenfalls nicht), aber im Grunde genommen kann man das ja schon mal entbehren.

Nur: Gerade war unser Auto dreimal innerhalb weniger Tage in der Werkstatt gewesen, ungeplant. Dass riss ein ziemliches Loch ins Budget. Und nun sollte ich 100 Euro geben? Das fiel gerade in diesem Moment etwas schwerer als sonst.

»Die finden sicher genügend andere, die sich beteiligen«, dachte ich. Doch ich wusste genau, dass das eine Ausrede war. Ich sollte mitmachen, das war mir klar. Also gut. Ich überwies den Betrag.

Am Dienstag sprach mich ein Freund an. »Sag mal, wie macht ihr das eigentlich mit dem Geld? Du hast ja keine volle Stelle, Christine verdient nicht, ihr habt vier Kinder. Reicht das Geld?«, wollte er wissen. »Es geht so. Wir kommen gut hin – so lange nichts Außergewöhnliches passiert. Dann wird es schon mal knapp; wir haben keine großen Rücklagen.« Er sah mir direkt in die Augen. »Dann würde ich mich gerne an deinen Werkstattkosten beteiligen.« »Nee, komm jetzt, das kriegen wir schon hin.« »Das glaube ich, aber ich würde mich gerne beteiligen.« »Aber ...« »Sei nicht so stolz. Nimm es von einem Freund.« Ich gab nach und schrieb ihm meine Kontonummer auf.

Am Mittwoch hatte er schon überwiesen: 200 Euro mehr waren auf meinem Konto. Da war mein Geld doch glatt verdoppelt!

»Gott ist nicht knauserig. Er versorgt die Seinen.«

Ein nüchterner Rechner würde jetzt vielleicht sagen: Hättste nix nach Kenia gegeben, wären jetzt 300 Euro dein!

Aber so sehe ich die Sache nicht. Ich kenne doch die innere Stimme, die da mit mir geredet hat. Und ich glaube: Hier war Gott mit im Spiel. Er will meine Großzügigkeit. Und er lässt mich nicht hängen. In Psalm 55,23 heißt es: *Überlass alle deine Sorgen dem Herrn! Er wird dich wieder aufrichten; niemals lässt er den scheitern, der treu zu ihm steht.*

Ich bin ganz gewiss, und habe es schon oft genug erfahren: Wer Gott vertraut und nicht geizig festhält an dem, was er hat, der wird erleben, dass Gott ihn über die Maßen versorgt. Nicht immer am nächsten Tag, nicht immer wird »der Einsatz« verdoppelt. Aber Gott ist nicht knauserig. Er versorgt die Seinen. Und durch die Seinen versorgt er andere. In Kenia. Oder in Gera.

»Was man kann, muss man tun«

Ich besuchte eine mehrtägige Konferenz zum Thema »Menschenführung«. Es gab Vorträge, verschiedene Seminare und offene Gesprächsrunden – viele gute Inhalte. Und doch war es ein einziger Satz, der für mich persönlich alles überstrahlte. Der Inhaber einer großen Firma, ein Christ, bekannt für sein enormes soziales Engagement, wurde gefragt, warum er soviel Zeit und Geld dafür aufbringe. Seine Antwort lautete knapp: »Was man kann, muss man tun.« Punkt.

Da fragte einer nicht, wie der Zeitgeist es uns zu diktieren versucht: Was springt für mich selber dabei heraus? Da klagte einer nicht, wie die vielen Frustrierten um uns her: Was kann ich schon tun? Da brüstete sich einer nicht, wie die vielen Selbstdarsteller unseres multimedialen Alltags: Seht her, was bin ich für ein toller Hecht! Und da musste einer auch nicht großartig die eigene Frömmigkeit herauskehren.

Nee, da sagte einer klipp und klar: Gabe und Aufgabe – das gehört zusammen. Ich habe viel Geld verdient – also gebe ich auch etwas davon weiter. Nicht ich bin so toll, sondern mein Besitz nimmt mich in die Verantwortung.

»Eigentum verpflichtet« – das steht sogar im Grundgesetz der Bundesrepublik Deutschland.

»Was man kann, muss man tun.« Mir ging das unter die Haut. Und es forderte mich ganz persönlich heraus. Wie ist es um meinen Besitz bestellt? Und um meine Gaben? Was habe ich? Was kann ich? Meine Zeit, meine Möglichkeiten, was mache ich damit? Will ich meine Verantwortung auf »die da oben« abschieben? Will ich warten, bis alles, Zeitplanung und Kontostand, Ausbildung und sozialer Status, womöglich noch viel besser dastehen?

»Was mache ich mit meinem Besitz, mit meiner Zeit?«

»Was man kann, muss man tun.« Das ist ein anderes Konzept. Dabei ist es gar kein neues Konzept. Schon der Apostel Petrus schrieb vor fast 2000 Jahren: *Jeder soll dem anderen mit der Begabung dienen, die ihm Gott gegeben hat. Wenn ihr die vielen Gaben Gottes in dieser Weise gebraucht, setzt ihr sie richtig ein* (1. Petrus 4,10).

Ein sinnvolles und bewährtes Konzept. Es nimmt mich in die Verantwortung – und entlastet mich zugleich. Denn was ich nicht kann, das dürfen getrost die anderen tun. Schließlich hat jeder seine Gabe von Gott empfangen. Aber was ich kann – das will ich tun.

Trauerarbeit

Die Arbeit war weg. Mal wieder. Sie kannte das schon. Und doch riss es auch dieses Mal ein Loch in ihr Leben. Mit über 50. Auch wenn es seit der Wende zum x-ten Mal vorkam. Finanziell war es schwer. Aber mindestens genauso hatte sie seelisch daran zu kauen, scheinbar nicht gebraucht zu werden.

Nach einigen Wochen der Niedergeschlagenheit kam der Trotz. Das wollte sie sich nicht bieten lassen! Nicht immer wieder. Irgendwann reicht's!

Und da hatte sie die Idee: Existenzgründung. Sie hatte oft genug davon gelesen, aber dabei nie an sich selbst gedacht. Doch warum eigentlich nicht? Ja, warum eigentlich nicht!

Also auf zum Existenzgründerseminar: Businessplan, Marktanalyse, Buchhaltung, Kennzahlen, Liquidität, Personalfragen, Umsatzsteuervoranmeldungen ... Nach zwei Tagen rauchte ihr der Kopf.

Doch dann kam endlich die Frage an die Reihe, deren Antwort sie längst ganz genau kannte: »In welchem Bereich möchten sie sich denn eigentlich selbstständig machen?«

»Trauerbegleitung.« »Trauerbegleitung? Ja. Aha. Und für wen?« »Für verwaiste Besitzer von Haustieren:

Katzen, Hunden, Vögeln.« »Wie bitte?« »Ja, genau für die: verwaiste Besitzer von Tieren.«

Um es kurz zu machen: Aus ihrer Geschäftsidee wurde nichts. Dazu gehörte einfach zu vieles, was auch noch zu berücksichtigen gewesen wäre. Und all die Verwaltungsaufgaben waren sicher nicht ihre Sache.

Als ich von der Idee dieser Frau hörte, fand ich dennoch: Sie hat etwas, da ist etwas dran. Und sie hat doch etwas Wichtiges erkannt: Tiere sind oft die besten Freunde der Menschen. Wieviele ältere Menschen haben niemanden als ihre Katze oder ihren Wellensittich? Wieviele junge Menschen mit Drogenproblemen würden noch viel tiefer sinken, wäre nicht wenigstens noch ihr Hund da, um den sie sich kümmern müssen?

»Gibt es im Himmel Tiere? Nicht nur eine Kinderfrage ...«

Und wenn diese treuen Gefährten dann nicht mehr da sind, kann die Trauer wirklich schmerzen, als sei ein Mensch gestorben. Die Leere, das Gefühl, nun nicht mehr gebraucht zu werden; die Angst, das geliebte Wesen nicht mehr wiederzusehen (und da taucht dann auch die Frage auf: Gibt es im Himmel Tiere? Das ist beileibe nicht nur eine Kinderfrage ...). All das kann sich düster auf das Gemüt des Trauernden legen.

Die mutige, zur Existenzgründung motivierte Frau hat das erkannt. Sie hatte ihre Arbeit verloren, war selber niedergeschlagen. Trauerte um den Verlust – und war in der Lage, einen Blick für andere zu entwickeln. Alle Achtung! Auch wenn ihre Unternehmung nicht zustande kam und aus der Geschäftsidee nichts wurde: Ihre eigene Trauerarbeit war mehr als bemerkenswert.

(Und um die Klammerbemerkung abzuschließen: In dem Himmel, den die Bibel beschreibt, werden Löwe und Lamm in Eintracht beieinander wohnen – es gibt dort also Tiere ...)

Wenn's hoch kommt,
achtzig Jahre

Sie lacht mich an, mit diesem Mädchenlächeln in den Augen. Fröhlich und schelmisch strahlt es zwischen den Falten und Furchen hervor, die das lange, oft entbehrungsreiche Leben in ihr Gesicht gegraben hat.

Ich drücke sie herzlich und gratuliere ihr. Zu ihrem 82. Geburtstag. »Na,« frage ich sie, ihre Hand noch in der meinen, »wie geht es dir an deinem Ehrentag?«

»Wie soll es mir schon gehen?« Sie lässt meine Hand los und setzt sich auf einen Stuhl. »Irgendetwas ist ja immer. Die Knie machen mir etwas Kummer. An manchen Tagen denkst du: Jetzt geht's zu Ende. Am nächsten Tag denkst du: So könnte es noch lange weitergehen.«

»Du siehst doch gut aus!«

»Danke!« Verlegen senkt sie den Blick. »Weißt du, was an meinem 70. Geburtstag in der Losung stand? Genau an dem Tag stand der Vers aus Psalm 90 drin: ›Unser Leben währet siebzig Jahre, und wenn's hoch kommt, so sind's achtzig Jahre.‹ Da habe ich gedacht, der liebe Gott will mir schon sagen, dass ich nicht mehr lange Zeit habe. Und nun sind es schon 82 Jahre geworden ...«

Sie schüttelt den Kopf. »Wer hätte das gedacht. Es waren schwere Jahre. Am schwersten war die Zeit, nachdem mein Mann gestorben ist. Da musste ich hart arbeiten. 17 Jahre in der Glashütte. Bei der Hitze, jeden Tag, immer an der gleichen Stelle. Aber man musste ja die Kinder versorgen.«

Sie seufzt einen langgezogenen Seufzer und senkt den Kopf. »Ja, ja, so hat jeder seine Sorgen.«

Ich will etwas sagen, aber bevor ich noch dazu komme, strahlt sie mich wieder an. »Aber was will ich mich beklagen? Ich habe die Kinder, ich kann die Enkel aufwachsen sehen. Und wenn sie Probleme haben, kann ich für sie beten.«

»Wieviel Dankbarkeit hat sie sich bewahrt.«

Sie steht auf und geht zum nächsten Gratulanten.

Mir gehen die Psalmworte noch einmal durch den Kopf: Sie hat nur den ersten Teil zitiert: *Unser Leben dauert siebzig, vielleicht sogar achtzig Jahre.*

Der Psalmdichter fährt fort – und er klingt bedrückt: *Doch worauf wir stolz sind, ist nur Mühe, viel Lärm um nichts! Wie schnell eilen die Jahre vorüber! Wie rasch fliegen sie davon!* (Psalm 90,10) Ein ziemlich ernüchtertes Lied ...

Ruth, so heißt die Dame, die heute ihren Geburtstag feiert, kann er dabei wohl kaum vor Augen gehabt haben. Wie schwer war dieses Leben! Doch wieviel Dankbarkeit hat sich Ruth trotz allem bewahrt. Und ein herrliches Lächeln.

Was in der Zeitung steht

Der amerikanische Schriftsteller Mark Twain (1835–1910) begann seine berufliche Laufbahn als Redakteur einer kleinen Provinzzeitung. Eines Morgens sagte er zu seiner Wirtin: »Wir werden in diesem Jahr eine schlechte Ernte haben.« Sie widersprach: »Ich wohne seit Jahren in dieser Gegend und kenne mich aus. Ich sage ihnen: Die Ernte wird gut.« Twain ging in die Redaktion und schrieb einen Artikel, in dem er eine schlechte Ernte prognostizierte.

Am nächsten Morgen hielt ihn seine Wirtin auf dem Weg in die Redaktion auf: »Sie hatten recht, Mister Twain. Es wird eine schlechte Ernte geben. Heute steht es in der Zeitung!«

So geht es uns. Wir lassen uns beeinflussen. Wir nehmen vieles für bare Münze, ohne es in Frage zu stellen. Schließlich steht es in der Zeitung. Was das Online-Lexikon Wikipedia sagt, das muss doch einfach wahr sein, schließlich stehen diese Einträge bei der Suchmaschine Google häufig ganz oben. Doch bei Wikipedia kann jeder einen Artikel schreiben ...

»Das stimmt, wirklich!«, versichert mir die junge Frau, die mir gerade etwas über die Unverträglichkeit von spanischem Gemüse erklärt hat und meinen abwiegelnden Einwand nicht gelten lassen will. »Ich habe es schließlich im Fernsehen gesehen.«

Oft sind wir zu leichtgläubig. Andererseits – und das ist ein eigentümliches Paradox – wollen wir von vielen Autoritäten nicht viel wissen. Wir glauben ihnen nicht. »Politiker?« wird geschimpft, »was die sagen, kannst du doch nicht ernst nehmen, das ist alles bloß Wahlkampfgetöse!«

»Wo finden wir einen glaubwürdigen Maßstab?«

»Manager?« entrüsten wir uns, »die scheffeln doch Unsummen in die eigene Tasche.«

Oder Kirchenleute – da halten viele es mit Heinrich Heine: »Die predigen Wasser und trinken heimlich Wein.« »Nein, denen glauben wir nicht.«

Schade, denn jeder Mensch braucht beides: Kritische Distanz zu Informationen – und zugleich tiefes Vertrauen in Autoritäten. Wo finden wir einen Maßstab für Wahrheit und eine glaubwürdige Autorität?

Wie wäre es mit Jesus Christus? Er sagt von sich: »Ich bin der Weg und die Wahrheit und das Leben.«

Wer dem auf den Grund geht, wird entdecken: Tatsächlich, was er sagt, ist wahr, und wie er lebt, ist glaubwürdig. Nehmen wir die Bergpredigt. Jesus hat gesagt: »Selig sind die Friedfertigen.« Das sagt sich schnell. Doch wie schwer lässt es sich leben? Jesus hat einen Maßstab für Friedfertigkeit gesetzt. Verhöhnt, gegeißelt, ans Kreuz geschlagen, betet er für seine Peiniger: »Vater, vergib ihnen, denn sie wissen nicht, was sie tun.«

Oder nehmen wir seinen Satz: »Niemand hat größere Liebe als derjenige, der sein Leben lässt für seine Freunde.« Jesus selbst hat es getan. Er hat sein Leben eingesetzt für seine Überzeugung. Mehr geht nicht. Auch wenn etwas anderes in der Zeitung steht.

Weichgeklopft

Was ist empfindlicher als Füße? Den ganzen Tag müssen sie uns tragen. Gute Schuhe, angenehmes Laufen erhöhen unsere Lebensqualität enorm.

Doch da ist dieser nervige Fersensporn. Hinten an meiner rechten Hacke. Eine dornartige, verknöcherte Ausziehung des Fersenbeins, die sich durch Reizung entzünden und dann Schmerzen verursachen kann. Ein Auswuchs von einem knappen Zentimeter, der regelmäßig die Innenseite meiner Schuhe ruiniert. Und das drückt. Neue Schuhe *ohne* wochenlanges Blasen bildendes Einlaufen kenne ich gar nicht. Und dazu ächzt mittlerweile der Rücken und zwickt die Hüfte. Das macht das Schuhe kaufen nicht eben einfach.

Ich lasse mich also fachmännisch beraten und kaufe dann für einen stattlichen Betrag ein neues Paar »Waldläufer«-Schuhe. Stolz ziehe ich sie gleich an, marschiere stracks vom Schuhladen nach Hause – und lege dort erstmal das rechte Bein auf die Couch: Eine saftige Blase spannt sich über die Ferse.

In den nächsten Wochen folgen mehrere Einlaufversuche: zwecklos. Das Leder meiner noblen neuen Schuhe ist wenig geschmeidig und drückt beständig und hart auf meinen Sporn. Schließlich bringe ich die Schuhe zurück. Der Schuster zuckt mit den Schultern. »Da kann man nicht viel machen. Ich habe auch so einen Fersensporn. Da hat man einfach Blasen. Wir können es mal mit Weichklopfen versuchen.« So hinterlasse ich also dem Meister meine Schuhe, und er klopft das Leder weich. Es wird schon besser: Die nächste Blase ist nur noch halb so groß. Ich bringe ihm die Schuhe erneut. Und dann noch ein drittes Mal.

Jetzt sitze ich im Auto auf dem Parkplatz vor dem Schuhgeschäft und tippe diese Zeilen. Soeben habe ich ein anderes Paar Schuhe zur Reparatur gebracht. Meine Waldläufer aber habe ich an den Füßen. Noch gibt es leichte Rötungen an meinem Fuß – schließlich habe ich nun mal diesen blöden Fersensporn. Aber ich kann die Schuhe jetzt tragen. Weichgeklopft sind sie sogar sehr angenehm.

»Weichgeklopft tragen sich meine Schuhe angenehm.«

»Weichgeklopft« – was für eine Vokabel! Wir sprechen von »Weicheinern« oder »weichgespülten« Typen. Das hat meistens einen negativen, süffisanten Unterton. Irgendwie ist Härte ein Ideal – zumindest unter Männern. Manchmal muss das Leben schön heftig anklopfen, um uns »weich« zu machen. Wenn wir das dann erleben, ist es unangenehm und schmerzhaft. Aber die Folgen sind positiv. Weiches Leder ist angenehm zu tragen. Es hält unsere Schwächen aus. Fersensporne, Überbeine – und was sonst noch quer zu unserem Leben steht.

Ich muss an Jesus denken. Er sagt von sich: *»Kommt alle her zu mir, die ihr euch abmüht und unter eurer Last leidet! Ich werde euch Ruhe geben. Lasst euch von mir in den Dienst nehmen, und lernt von mir! Ich meine es gut*

mit euch und sehe auf niemanden herab. Bei mir findet
ihr Ruhe für euer Leben. Mir zu dienen ist keine Bürde
für euch, meine Last ist leicht« (Matthäus 11,28–30).

Was ist empfindlicher als meine Seele, die die Lasten des Lebens tragen muss? Wie gut, dass Jesus mir tragen hilft.

Wo Segen blüht

Wo Segen blüht
und Kreise zieht,
weil Menschen Menschen mögen;

wo Segen blüht
und Kreise zieht,
weil Feinde sich vergeben;

wo Segen blüht,
all das geschieht,
weil Jesus unsere Mitte ist.

Wo Segen blüht,
da kann ich leben.

Gott finden

Kann ich eigentlich noch zu Gott finden? In meiner Alter? Mit meiner Vergangenheit? Wie soll Gott etwas mit mir anfangen können, wenn ich selbst schon nichts mit mir anzufangen weiß? Ich glaube, ich bin ein hoffnungsloser Fall.

Viele Menschen denken so. Da gibt es Menschen, die haben Schuld auf sich geladen und denken nun, dass das niemals vergeben werden kann. Wie auch, da sie sich selbst nicht vergeben können?

Es gibt Menschen, die bezeichnen sich als »religiös unmusikalisch«, sie sind – wie man in der DDR zu sagen pflegte – ohne kirchliche Bindung aufgewachsen, und denken nun, sie *könnten* gar nicht glauben, selbst wenn sie *wollten*.

Manche Menschen verbinden mit dem Glauben so hohe Ansprüche, dass sie meinen, ihnen nicht genügen zu können. Der römische Kaiser Konstantin war so jemand. Trotz seiner frühen Hinwendung zum christlichen Glauben ließ er sich erst auf dem Sterbebett taufen, um nach seiner Taufe nur ja keine Sünde mehr zu begehen.

Wieder andere sind einfach zu verzweifelt, um noch glauben zu können. Neulich erhielt ich zum Beispiel die folgende E-Mail (den Namen des Verfassers habe ich geändert):

»Hallo Uwe,

ich heiße Fred, bin 30 und im Moment wegen Alkoholabhängigkeit in Therapie, außerdem bin ich seit neun Jahren spielabhängig. Ich habe dein Buch gelesen. Hat mir sehr gefallen. Heutzutage sind die Automaten noch brutaler!!! Ich bekomme seit sechs Jahren Medikamente, und mein Arzt hat gesagt, ich hätte eine paranoide Schizophrenie!!! Ich kann mich als psychisch Kranker irgendwie nicht akzeptieren und halte Therapien auch nicht durch. Mein Leben ist leer, alles nur durch die Sucht. Ich war zweimal in der Kirche. Du hast es ja auch mit Gottes Hilfe geschafft. Was ich wissen will: Kann man mit 30 sein Leben noch mal ändern, vielleicht, indem man zu Gott findet????«

> »Kann man mit 30 sein Leben noch mal ändern?«

Was soll man da sagen? Ich wusste es auch nicht. Aber dann habe ich es zumindest versucht, Fred zu antworten:

»Lieber Fred,

zuallererst zu deiner Frage, ob man mit 30 sein Leben noch ändern und Gott finden kann: Ja, das kann man! Ich selber habe ihn mit 22 gefunden. Aber erst vor vier Wochen habe ich eine Frau getauft, die ist 57 und war alkoholkrank. Sie ist jetzt zwei Jahre trocken – du siehst, es geht auch mit 55.

Wichtig ist, dass man sich Hilfe sucht. Ohne die Therapie hätte ich es auch trotz meiner Bekehrung nicht *geschafft. Ich weiß, wie schwer es ist, sich als Kranker zu akzeptieren, aber ohne diese Einsicht schafft man es eigentlich nicht. Auch Jesus hat gesagt, nicht die Starken brauchen den Arzt, sondern die Kranken – und er ist zu den Kranken gesendet worden.«*

Wer Gott findet, in dessen Leben ist nicht auf einen Schlag alles in Ordnung. Und es ist schwer, ein krankes, leidendes Leben zu bejahen. Ich weiß nicht, ob Fred mit meiner Antwort etwas anfangen konnte.

Aber eins gilt unbedingt: Niemand ist so kaputt, dass Gott ihn nicht willkommen heißen würde! Gott will, dass niemand verloren geht. Er lässt sich finden. Und mehr noch: Gott selbst macht sich auf, diejenigen zu suchen, die schon nicht mehr hoffen können. Jesus sagte über sich: *Der Menschensohn ist gekommen, Verlorene zu suchen und zu retten* (Lukas 19,10).

Zwei Kugeln Hausmeister

Neue Eissorte

Papa fragt an der Eisdiele: »Florian, welches Eis möchtest du denn? Es gibt Karamell, Schokolade, Vanille, Waldmeister, Melone ...« Florian überlegt einen Moment und meint dann: »Hab ich alle Sorten lecker. Ich möchte zwei Kugeln Hausmeister.«

Gartenarbeit mit Opa

Opa arbeitet mit den Kindern im Garten. Er füllt Laub in die Mülltonne. Zum Pressen steigt er hinterher in die Tonne. Florian ist begeistert: »Guckt mal, der Opa ist im Eimer!«

Vermissen

Nach den Ferien erzählt Florian, dass er seinen besten Freund Robert vermisst hat. Talitha: »Ich hab mich auch ein bisschen vermisst wegen meiner Freundin.« Mama: »Aha.« Talitha: »Mama, was ist eigentlich vermissen?«

Abenteuer

Wir sind auf eine Hochzeit eingeladen. Den Kindern macht es viel Spaß. Abends im Bett strahlt Talitha: »Ach Papa, heute haben wir aber viel überlebt.«

Arbeitsteilung

Savina: »Talitha, du holst jetzt bitte meine Hausschuhe – und ich esse dafür deinen Apfel auf.«

Schlau

Talitha: »Wenn die Menschen sterben, leben sie alle weiter und wenn jemand etwas Schlimmes gemacht hat, liebt Gott ihn trotzdem noch.« Mama staunt. »Du bist ganz schön schlau, woher weißt du denn das alles?« Talitha wiegelt ab. »Ach, das hat Gott gemacht, dass ich so schlau bin.«

Husten

Florian hustet am Tisch. Talitha schimpft: »Huste doch nicht die Kekse an. Sonst werden die noch krank.«

Wachstum

Talitha isst im Moment sehr viel. Mama fragt sie: »Wo willst du denn noch hin wachsen?« Talitha: »Ich will nicht so klein sein, wenn ich den Papa heirate.«

Ein Gedicht

Wir erfinden bei Tisch verschiedene Nonsens-Gedichte. Florian mischt sich ein: »Ich sag jetzt ein Gedicht«, er macht eine schelmische Pause, »und das reimt sich – nicht.«

Missverständnis

Beim Frühstück toastet Melissa Brot für die ganze Familie. Nach einer Weile gibt es Streit. Florian: »Melissa hat mein Brot kaputt gemacht.« Melissa: »Nein, ich hatte das Brot zuerst.« »Du lügst!« »Nein, du!« Papa schickt beide ins Zimmer, wo sie sich einigen sollen. Dann erklärt er ihnen, dass nicht immer einer lügt, wenn man streitet. Es könnte auch ein Missverständnis sein. »Was ist ein Missverständnis?« Papa erklärt. Dann schaut er die Kinder an: »Und? War es eine Lüge oder ein Missverständnis?« Melissa leise: »Ein Missverständnis« – ihre Stimme schwillt an – »aber nicht von mir!«

Früher

Im Auto. Florian schlägt vor, man könne doch Menschen als Ampeln einsetzen, damit ließe sich sicher Strom sparen. Mama erzählt ihm, dass es früher, als sie jung war, noch Polizisten gab, die den Verkehr geregelt haben. Florian: »Ach Mama, gab es da überhaupt schon Autos, als du klein warst?«

Musikalisch

Wir haben Besuch. Unsere Kinder wollen den Kindern die ganze Wohnung zeigen und führen sie die Treppe hoch. Ein Kind ruft zu seiner Mutter: »Mama, ich geh schon mal eine Oktave höher.«

Im Prinzip lecker

Christine probiert ein exquisites Gericht zum Mittagessen aus, Käsesoufflé. Melissa und Talitha sitzen mit lang gezogenen Gesichtern vor ihren Tellern und stochern darin herum: sie mögen es nicht. Als sie tapfer aufgegessen hat, meint Talitha: »Mama, du hast lecker gekocht.« Alle sehen sich etwas erstaunt an, da ergänzt Talitha: »Aber ich mag es nicht so gerne.«

Erwachsen

Florian (7) zu Melissa (9): »Sag mal, wann ziehst du denn eigentlich hier aus?«

Kinoprogramm

Mama und Papa gehen ins Kino. Ein Babysitter kommt. Florians Kommentar: »Wenn ich mal groß bin, werde ich mir auch eine Kindersitterung holen und ins Kino gehen ...« Er stockt »... aber am Abend gibt es ja nicht mehr so tolle Kinderfilme.« Mama tröstet: »Aber dann bist du ja auch kein Kind mehr.« Florian entrüstet sich: »Trotzdem will ich Kinderfilme gucken!«

Erdkunde

Die Familie sitzt im Garten und beobachtet die Wolken, die schnell über den Himmel ziehen. Papa erklärt bei der Gelegenheit, dass die Erde sich um die Sonne dreht. Melissa sinniert: »Komisch, Papa, die Erde dreht sich – und ich bin immer noch in Gera.«

Schlechter Tag

Mama ist genervt, weil die Kinder nicht hören. »Muss ich heute eigentlich dauernd mit euch schimpfen?« Melissa runzelt die Stirn und schaut sie teilnahmsvoll an: »Ist wohl heute nicht so dein Tag?«

Verkehrslage

Auf der Autobahn stockt der Verkehr, wir müssen anhalten. Florian ärgert sich: »So eine Stauerei!«

Symbole erkannt

Wir machen Urlaub in der Türkei und fahren mit dem Zug nach Istanbul. Auf den Zugfenstern sind die Symbole der Nationalflagge zu sehen: Halbmond und Stern. Florian kommentiert: »Schau mal, Mama, das ist ein Nachtzug.«

Lecker ...

Melissa schmeckt der Nachtisch heute besonders gut. Darum bittet sie um Nachschlag: »Mama, ich möchte nochmal rote Pfütze.«

Liebe

Florian strahlt die Mama an und sagt lang gestreckt: »Maaamaaa, weißt du, waaas?« »Ja?« »Du hast mich lieb ...«

Zum Autor

Uwe Heimowski, Jahrgang 1964, ist verheiratet mit Christine, sie haben vier Kinder (Melissa, Florian, Talitha und Savina). Nach Erzieherausbildung und Theologiestudium Aufbau einer Gruppe für suchtkranke Jugendliche. Seit 2001 Gemeindereferent der Evangelisch-Freikirchlichen Gemeinde Gera (www.g-26.de).

Daneben freiberuflicher Coach (vor allem Gemeindeberatung) und Dozent (u. a. Sozial- und Wirtschaftsethik an der Berufsakademie Gera). Autor für Zeitschriften, Tageszeitung und Rundfunk.

Nähere Infos: www.uwe-heimowski.de.

Weitere Veröffentlichungen

- *Ich bin dafür – 44 Mutmacher für den Alltag.* Schwarzenfeld [3]2009
- *Ich will bei dir sein – Du trauerst nicht allein.* Mit Musik-CD. Schwarzenfeld 2007
- *Die Heilsarmee. Practical Religion – gelebter Glaube.* Schwarzenfeld 2006
- *Brunos Dankeschön – Geschichten von der Reeperbahn.* Schwarzenfeld 2005
- *Spielsucht – Mein Weg aus der Abhängigkeit.* Schiers 2004

Mehr von Uwe Heimowski

Ich bin dafür
44 Mutmacher für den Alltag

Mit einem Vorwort
von Hartmut Steeb

Gebunden, 128 Seiten
ISBN 978-3-937896-65-6
3. Auflage 2009, Nr. 588.665

»Wenn Sie wissen wollen, was
wir von einer Pomelo oder einer
Supermarktschlange (geist-
lich) lernen und wie ein paar
Erbsen in der Tasche (die es als
Päckchen zur Lektüre gibt!) Ihre
Alltagswahrnehmung verändern
können, dann schnappen Sie
sich diesen Ermutiger.

›Ich bin dafür‹, dass sind
zahlreiche erfrischende und
praktizierbare Sätze für Freunde,
den Nachbarn, die Urlaubs-
bekanntschaft, den Tankwart,
die Postboten, die Supermarkt-
kassiererin. Zwar teile ich die
Leidenschaft des Autors für den
FC Bayern nicht, aber ich bin
dafür, dass dieses Buch ausver-
kauft, an Frühstückstischen, in
Bahnen und auf WC's zerlesen
wird ...«

Rüdiger Jope für family

NEUFELD VERLAG

n ⓥ

www.neufeld-verlag.de